願いをかなえる自己催眠

スティーブン・ランクトン：著

関西外国語大学准教授
上地明彦：訳

Tools of Intention:
Strategies that inspire change
by Stephen Lankton

人生に変化を引き起こす
9つのツール

金剛出版

Tools of Intention

Strategies that inspire change

by Stephen Lankton

◉ 推薦の言葉

アーネスト・ロッシ Ph.D.

「願いをかなえる自己催眠――人生に変化を引き起こす９つのツール」は、あなたの人生にポジティブな自己充足的予言を引き起こしてくれる実践ハンドブックです。著者のスティーブン・ランクトンは30年以上に及ぶ彼の臨床経験から大変学びやすく実践しやすい「願いをかなえる」ツールを開発しました。スティーブンが天来の指導者として国際的な評価を受けている背景には、「どのようにしたらもっとも望ましい形で自信や自己イメージを育てることができるのか」についての彼の並外れた洞察力があります。特筆すべきは、読者のみなさんがこうしたツールを使ってあなた自身をエンパワーし、自ら主体的に人生を歩んでいくために、どのようにしたらよいのか具体的かつ明確に導いている点です。

スティーブン・ランクトンは、これまで発表してきた著作やワークショップを通して、こうした素晴らしいツールをヘルスケアの専門家たちと共有してきました。今回本書を通じて、自らの成長を願うみなさんに、彼が厳選した効果的な実践ツールが初めて公開されることになりました。明解な言葉で書かれた「願いをかなえる自己催眠――人生に変化を引き起こす９つのツール」は、与えられた人生を余すところなく全うしたいと願うすべてのみなさんにとってのまたとない宝の書となることでしょう。

謝辞

これまで30年以上にわたってご一緒させていただいたクライエントのみなさん、トレーニングの機会を与えていただいた数えきれないほどの受講生のみなさんに感謝申し上げます。みなさんからいただいたご質問やフィードバック、みなさんが魅せてくれた目標や成功体験が、私の仕事や考え方に与えてくれた影響には計り知れないものがあります。本書で紹介されているアイデアやツールは、私のもとを訪れてくれたクライエントのみなさんとトレーニングに参加してくださったみなさんと一緒に創られたものであると言ってよいでしょう。

とりわけ、私の師であるミルトン・エリクソン先生[1]に感謝を捧げたいと思います。彼は、本書のバックボーンとなっている精神を揺るぎなく地で歩まれた――人の模範として生きた――そんな方でした。

[1] ミルトン・エリクソンの生涯について、詳しく学んでみたい方は、Short, D., Erickson, B.A., & Erickson-Klein, R. (2005). *Hope and Resiliency: Understanding the Psychotherapeutic Strategies of Milton H. Erickson, MD.* Crown House Publishing をご参照ください。

願いをかなえる

自己催眠

人生に変化を引き起こす

9つのツール

目　次

Tools of Intention: Strategies that Inspire Change

I 智慧

インスピレーション

呼吸――それは、吸っては吐き、何かが誕生しては終息する循環――。呼吸が永遠に止まったとき、私たちは息絶え（人生を終え）、魂はこの世から旅立ちます。一方で、私たちが自らの内側から生命エネルギーで満たされるとき、身体には英気が溢れ、魂には充実感が感じられます。

どんな願いを抱くかによって、私たちの心は日々変化します。しかし、人生で望むものを手に入れるために、自らの願いをどのように形にしたらよいのか、その具体的な**方法**について書かれたものは、これまでほとんど存在しませんでした。願いとは、私たちの内側から沸き上がってくるものです。それが形となり、自らの魂を駆り立てるにつれて、満たされた感覚や気づきが生まれてきます。

これから本書でご紹介するイメージ法や思考法などのツールに熟達することで、これまで以上に人生をポジティブに**体験する**ことが可能になります。しかし、これは、単なるポジティブ・**シンキング**《思考》とは異なります。よく「秘伝の極意《シークレット》」についての書籍やDVDを見かけますが、それは、実はシークレットでも何でもなく、マインドフルなビジュアリゼーション［マインドフルとは、今、この瞬間の体験に注意を向け、自分自身と自分を取り巻く環境に気づきを持つこと。ビジュアリゼーションは感覚や感情を伴ったイメージ体験。］の結果によるものなのです。もっとも、ビジュアリゼーションだけでは、魔法のように素晴らしい結果を引き寄せることはできません。人生の舵をとり、自らの運命をコントロールするには、ポジティブ・シンキングやビジュアリゼーションを超えたものが必要になります。本書には、あなたが自分自身の願いを活かして、**本気で**人生を創造し、必要な変化を引き起こすことができるようになるための方法が紹介されています。

　たとえば、第6章でご紹介する「シンボリック・イメージャリー」というツールの場合、ビジュアリゼーションを使って、必要な感覚や体験を創り出し、無意識の力で確実に目標を達成する方法を学びます。結果として、あなたのセルフイメージは変容し、その変化は、あなたの笑顔や足どり、言動にまで表れるようになります。やがては、周囲の人たちに与える印象さえも一変させてしまうことでしょう。周囲の人たちに与える印象や行動が変化すると、あなた自身の世界も変化します！　普段のさりげないやり取りにおいても、何か特別な場面においても、あなた自身の人生観や生き様が日々の立ち居振る舞いに表れるようになります。コミュニケーションの93パーセントがノンバーバル《非言語》レベルで行われていることはご存じかと思います。自らの願いに忠実に日々の人生を全うしていると、周囲の人たちには、あなたが何か大きなものに動かされているように映るでしょう。あなたは、文字通り自分の描いた人生を歩んでいるだけなのですが、この状態が、あなたの言葉だけでなく立ち居振る舞いにも表れ、その影響力は極めて強力なものになります。

あなたの話し方、立ち居振る舞いから、あなたが何を大切にし、どんな生き方をしているのか人々は感じ取ります。もし彼らがあなたを助け、あなたの仲間となる人たちであれば、彼らもあなたと気が合うと感じ、あなたに魅力を感じることでしょう。こうした出会いや信頼関係に恵まれるのは、あなたに才能や余裕があるからです。一方、目指す方向性が異なる人たち——物事に本気で取り組んでいない人たちや無責任な人たち——にとっては、あなたは魅力的に映りません。そうした人たちにとって、あなたはしっかりしすぎていて、しっくりこないため、彼らは彼ら相応の人たちのところへ向かっていくことになります。このように、日々のコミュニケーションで創り出すわずかな違いが、結果的に、シークレットへの第一歩となるのです。シークレットとは、魔法などではなく、日々の生活の中で自らが行う選択によって生まれるものなのです。

本書でご紹介するツールを使って、あなたが本当に求めているものについてワークを行うことで、望ましい感覚や感情、姿勢、さらには、人間関係を引き寄せることができます。あなたの願いが大きなものであればあるほど、よい結果が得られるはずです。しかし、私たちにとって大切なことは、必要とされる場面で、自らが望む心構えや行動、体験を引き起こすことができるようになることです。これからご紹介するツールに熟達することで、さまざまな場面で望む体験を創りだすことができるようになります。そして、**それこそ**が、これからあなたが健康で幸福な人生をおくっていくための礎となるのです。

2 願いをかなえる9つのツール

　時折、多くの人たちが、どのようにして、自分の心を自分のために使ったらよいのか分かっていないのを目の当たりにして、心底ビックリすることがあります。幼少期の私は、好奇心旺盛で、周囲と比べても明らかに活発な子どもでした。ある時期、「自分の考えていることを内省することに夢中になっていた」ことがありました。これは、言いまちがいかと思われるかもしれませんが、決してそんなことはなく、当時イメージや言葉を使って考えていたことを、子どもなりに、図や表にして描いていたのです。今振り返ると、そこには大小の長方形が重なりながら描かれていて、ところどころ線で結ばれていました。長方形には視覚的な記憶や期待が描かれていて、中には入れ子型になっているものもありました。線は、セルフトーク［自分自身や起こった出来事について、頭の中で行う内的な発話、独り言。感情や行動に影響を与える。］や文章、名前などを結ぶのに使われていました。当時、私以外の家族の誰も、自分の考えていることについて内省していないことを知って大変驚いたものです。私が、両親や兄弟に「自分たちが物事についてどのように考えているか考えたことがあるか」と尋ねると、「そんなこと、分からない」という反応が返ってきたのを覚えています。その後間もなくして、こうしたことも忘れてしまうことになるのですが……

そして数年後、私は心理学に出会うことになります。それから数年後には、哲学の一分野である現象学との出会いがありました。このときもまた、こうした分野の専門家たちの知見が普通の人々にとっては別世界で、ほとんど知られていないことに驚愕しました。もちろん科学には、それが還元論的、あるいは唯物論的な立場から構築されたものであれ、その時々に到達することができる限界というものがありますが。

心を理解する手段としての内省は、インドをはじめとする仏教文化において多く用いられてきました。ヨガ行者や修道僧は、主に魂のアセンション（昇天）を目的とした内省を行ってきました。これは、まさに価値のあることですが、アセンションなどと当分無縁の私たちが、自らの考えや体験を自らの願いをかなえるためにどのように役立てることができるかということからすると、かなりかけ離れた話になってしまいます。

私は、心理療法家として35年間、心理療法の学び手としてはそれ以上の長い間、これまで存在した名だたる先人たちによって提唱された心理学、心理療法、精神療法を学び、実践してきました。その間、さまざまな理由で（ときには真っ当な理由もありますが）、多くの効果的で優れた考え方やツールが人々に知られることなく見過ごされてきたのを目の当たりにしてきました。ロバート・アサジオリ、ボブ&メアリー・グールディング夫妻、アレクサンダー・ローエン、スティーブン・カープマン、テービー・ケーラーといった多くの先人たちが残した見識が、どうして教育者や臨床家の間であまり知られていないのか？（ここに名前をあげなかった多くの臨床家たちのことを、決して軽んじているわけではありません。やはり、それぞれに深く際立った見識があります）今こうして本書を読まれている多くのみなさんも、こうした先人たちによって提唱された考え方やツールを使って、個人や家族の生活をよりよいものにすることができることをご存知なかったかもしれません。

どうしてすべての家庭に、家族の願いをかなえるツールが「伝えられる」ことがなかったのでしょうか。祖父母や親の代から伝わる言葉やゲームのように子どもたちに教えられるべきものであると思うのです。また、どうして、心理療法に携わるセラピストやクライエントも、より実践的なツールが存在することを知らないのでしょうか。なぜ、学校や教会、寺院やモスク、さらには、日常のやり取りの中でも教えられることがないのでしょうか。こうしたツールは――よく見過ごされがちですが――いつも私たちの目の前に存在しているものなのです。

自らが健康で成長していくために、明確で実践可能なツールがなければ、私たちは本来備わっている力を十分に発揮することができません。否定的な状況から逃れられず**自らに力を与えることができていない**とき、私たちは、よく薬物療法に頼ることを教えられます。私のもとを訪れるクライエントの場合も、より健康で幸福な人生を送るために自分自身で何かできることがあると思っている人たちは、残念ながらほとんどいません。「うつ状態を治すことはできますか？」「私のパニック障害を治してもらえますか？」「神経症を止めてもらえませんか？」「躁うつはなんとかなりませんか？」などといった質問は、数えたらきりがないほどよくされますが、クライエントから「どうしたら自分の問題を解決できるか教えていただくことはできますか？」と訊かれることは、本当に稀です。私たちは、自分や家族の問題作りに自分自身がどのようにかかわっているか、ほとんど気づいていないのです。

これから本書でご紹介するツールが、毎日の暮らしの中で実践できるような形で伝えられてこなかったことは、本当に驚くべきことです。始めるのに遅すぎるということはありません。本書のツールを習得することで、あなたの体験を自分自身で変化させ、人生を変容させることができるようになります。もしあなたがこれまで無意識化されていた頑固な悪癖によって、うつ、不安、低い自尊心、パフォーマンスの不調、ストレス、エネルギーの枯渇、葛藤の増幅、そしてそこから派生するたくさんの症状に苦しんできたのなら、そうした状況を変えるためには、まず新しい習慣を身につけ、それを強靭なものにする必要があります。ツールの中には、すぐに結果が得られるものと、求める結果がはっきりとした形になるまで、繰り返す必要のあるものもあります。私が目標としているのは、こうしたツールをみなさんが簡単に習得できるように、十分に具体的で明確な形にしてお伝えすることです。今抱えている問題を、最大限改善できるように、これから学ぶツールを是非活用してください。その結果、さまざまな場面で必要性に応じて、もっとも効果的なツールを使うことができるようになります。

最終的には、自分の願いをかなえることが、普段呼吸をしているのと同じくらい自然なことになるでしょう。これから習得していくツールを意識して使っていくことで、望む体験を自分自身で引き起こすことができるようになります。そして、さらに練習を重ねることで、そうした体験を、無意識のうちに自然に創りだすことができるようになるのです。

3 チャンキング・ロジック
世界の捉え方を変える

チャンキング・ロジックとは、日常生活における心構え、姿勢のようなものです。しっかりと理解するには、まず、予備知識が必要になります。私たちが人生で遭遇する出来事を処理するには、その出来事を理解する必要があります。つまり、体験した出来事を、何らかの意味をもたらすように枠付け《フレーミング》する必要があるのです。フレーミングすることで、出来事に何らかの意味が与えられます。少し大げさな例を使って説明してみましょう。突然、巨大な黄色い気体の玉が裏庭の中ほどに現われて浮かんでいるところを想像してみましょう。しばらくしても、浮かんでいる巨大な黄色い気体の玉が何なのか皆目見当もつきません。つまり、裏庭で、まったくわけの分からない出来事が起こり、それに対して、どう説明してよいか、どう表現してよいか分からない状態です。どんなものなのかも分かりませんから、どう反応したらよいかも分かりません。図1をご覧いただくと、私たちは、起こった出来事をこれまでに知っていることと関係づけることができない場合（つまり、フレーミングすることができなければ）、理解するのがとても難しくなることがお分かりいただけるでしょう。人間の脳内には、底部に電気信号を通す軸が伸びていて、一定の時間内に、起こった出来事についての解釈ができないと高電圧が流れるようになっています。実際そうなると、めまいが起こったり、驚いたり、不安になったり、いらだちを覚えたりします。それまで、私たちの脳は、出来事の意味をはっきりさせようと最速モードで働き続けて、その結果、失敗に終わった状態です。

物事の意味を理解しようとするとき、私たちは、過去にそれに類似する体験があれば、そのときの理解の仕方をあてはめようとします。基本的にこの過程は無意識に行われて

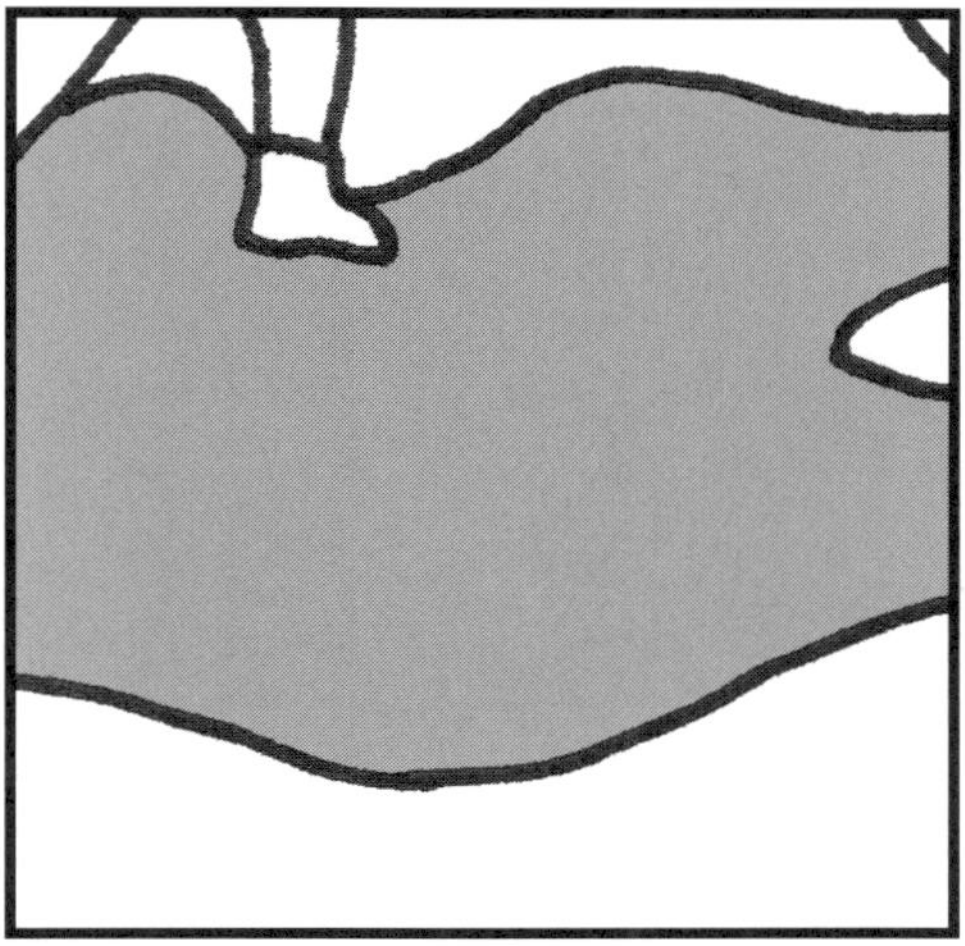

図1　物事を理解できない場合、それはフレーミングできないために意味を成さないのです。私たちは、事態にフレーミングすることで、はじめて意味を理解することができます。

いますが、こうしている間にご自分でも、何かを理解しようとしていたときのことに気づかれるかもしれません。ありがたいことに、私たちが日常生活で遭遇する新たな出来事の多くは、過去に体験したこととある程度類似しているところがあるため、私たちは、そのときの体験をもとにして新たな出来事を理解することができます。しかし、かなり多くの人たちが、新たな体験というものは、否定的なものに違いないと信じ込んでいることには驚かされます。もしかすると、そういう人たちは、自分が行ったことがことごとく否定されるような家族のもとで育ったのかもしれません。何かすると叱られ、音を立てればうるさいと叱られ、楽しんでいれば、何か企んでいると疑られ叱られる、といった具合です。そうやって成長していくうちに、何か新たな出来事に遭遇すると、否定的な連想をすることが学習されてしまうのです。

そんなふうに暮らしていると、毎日の生活も否定的な体験ばかりになっていきます。たとえば、朝寝坊をしたとしましょう。すると、「これで今日1日はだいなしだ」と思うかもしれません。車のガソリンがほとんどないことが分かると、「なんてこった。仕事場につく前にガス欠になるかもしれない」。あなたが遅刻したのを知っている上司と会えば、「また困ったことになった。上司に嫌われる。これで欲しかった夏休みもなしだ」。職場で自分の椅子に腰かけ、机に目をやると、その日1日分の資料があなたを待っています。あなたはこんなふうに言うかもしれません。「こんな仕事はうんざりだ。永遠に終わりゃあしない」。こんなふうに、同じような繰り返しが昼に夜に続いていきます。不幸なことに、それは毎日続いていきます。こうしたマイナスの体験ばかり続けていると、結果的に、うつ状態、倦怠感、免疫力の低下を招いていくことになります。これまでフレーミングについて具体例をあげてお話ししてきましたが、私たちは、日常遭遇する出来事に対してフレーミングすることで、その出来事に意味付けをして、体験していることがお分かりいただけたと思います。毎日遭遇する出来事に対して、どのような意味づけを行うことができるかは、条件づけと習慣によります。条件づけのきっかけは大して重要ではありません。大切なのは、それまでの条件づけやプログラミングを克服できる習慣を作ることです。そうすることで、毎日、より楽しく、創造的で、活力に溢れた体験をすることができるようになります。

●——チャンキング・ロジックの目指すところ

チャンキング・ロジック［直訳すると「区切りの論理」。情報を理解・記憶する際、（意味を成す）まとまりとして捉えるための方法。］とは、日々の出来事を意識的に言語化し、意味づけを行うツールのことです。これにより、想像力や楽観性を高め、エネルギーをアップさせ、健康で前向きな人生を最大限に味わうことが可能になります。日常遭遇するさまざまな出来事に意識的に向き合ってフレーミングすることで、新しい習慣が形成され、これまで信じてきたマイナスなものの見方を克服することができるようになるのです。

言語化の仕方や解釈の仕方を工夫することは、それなりの現実性があってはじめてできることだと主張する方もいらっしゃるかもしれません。たとえば多くの人にとって、タイヤのパンクは予定が遅れる、汚れる、お金がかかる、というようにマイナスの体験です。では、どうして、そうした体験をプラスの体験として捉えることができるのでしょうか？　現実主義を自認する方ならば、こうした出来事をマイナスに解釈するのは極めて当然のことだと主張されることでしょう。

私はこうした疑問に対して、この社会に現実を創り出しているのは私たち自身であり、またそれを真実として創造しているのも私たち自身なのだ、とお答えするようにしています。つまり、タイヤのパンクをマイナスのものとして捉えることにすると、実際マイナスの体験になり、プラスのものとして捉えることにすると、実際プラスの体験になるのです。物事の捉え方1つひとつが私たちの生活にどれほどの影響をもたらしているかを計ることができる客観的な基準はありません。日々遭遇する出来事1つひとつの体験の仕方は、私たち自身の捉え方いかんですが、マイナスの捉え方とプラスの捉え方のどちらが優勢かによってもたらされる結果については、話しは別です。これについては、おそらく計測可能でしょうし、こうした考え方はリラクゼーションやストレスの研究者の間でごく一般的なものになっています。「ストレス」を扱うテキストには、日常生活では誰にも似たような出来事が起こるが、出来事がストレスとなるかどうかは、当人がそれをどのように解釈するかによる、といった説明がなされています。ストレスは、さらに、感情、家族関係、身体、健康面にまで影響を及ぼします。

もう少し、例をあげてみましょう。たとえタイヤがパンクしたとしても、どのようにパンクを直すことができるか、というふうに、プラスのフレーミングをすることもできます。工具を使って修理できる能力を誇りに思うこともできるでしょうし、どれだけ冷静に道路の脇に車を移動することができたか、振り返ってみることもできるでしょう。たとえば、状況を見極め、スペアタイヤとジャッキをトランクから取り出し、首尾よく修理を行うことができたでしょうか？（あるいは、ロードサービスを呼んだとき、どれほど冷静だったでしょうか？）こんなふうに、誰にも、どうしたらよいか分からないような体験があったはずです。大人であれば、よく自分の予定が狂うことがありますが、そんな状況にあってもうまくやっていける自分自身の能力や成長に誇りを持つこともできます。

パンクしたタイヤの交換でもプラスの体験でフレーミングすることで、その出来事から受けるストレスはより小さなものになります。さらに、その日の出来事を振り返ったとき、自分の行いを誇りに思うこともできるでしょう。さて、ここで質問です。パンクはものすごく厄介なことというのは、本当でしょうか？　タイヤ交換をすることで自分の能力に気づき、誇らしく思う機会を与えてくれるものでしょうか？　その答えは、私たち次第です。もし私たちが、日々の生活を被害者として送っていくなら、パンクをひどい厄介ごととして解釈することでしょう。一方で、これまで身につけてきたさまざまな能力を誇りに思いながら、毎日を送っていたなら、パンクという出来事に対しても、また違った捉え方をすることができるでしょう。しかし、そのどちらも絶対的なものではありませんし、客観的な基準によってどちらが正しいとされる訳でもありません。私たちがそう捉えると決めたら、どちらも現実になるのです。つまり、私たち自身が、自分の人生を一連のプラスの体験にするか一連のマイナスの体験にするかを決定するのです。

私たちはチャンキング・ロジックを使うことで、日々遭遇する出来事を、24時間、プラスにもマイナスにも言語化して体験する機会を、自分自身に与えることができます。

私たちが、出来事のほとんどをマイナスに捉えれば、ストレスに対して脆弱になり、またそうした考え方ばかり続けていれば、やがてうつ状態になるかもしれません。しかし、日々遭遇する出来事をプラスに捉えて体験する方法を学べば、事態は好転し、私たちは、ストレスとは縁遠く幸福な毎日を送ることができるのです。

チャンキング・ロジックを使って、出来事をプラスにもマイナスにもフレーミングする以外に、出来事を大事（Lサイズ）にも小事（Sサイズ）にも捉えることができます。次の例をご覧いただくと分かりやすいかもしれません。

ある登山家が高峰への登頂を成功させた後、突然目に小さな石が飛び込んで来ました（図2参照）。この例でお伝えしたいのは、日常の多く出来事と同じように、この出来事もまたプラスにもマイナスにもフレーミングすることができるということ、そして、とても重大なLサイズのこととして、あるいは、とても些細なSサイズのこととしてもフレーミングすることができるということです。

図２　登頂旗を立てたら、目に小石が飛んできた！

◎プラスのＬサイズ　「おおお！　これぞ大地のパワー，すげえ」

◎プラスのＳサイズ　「おお，ゴーグルを持ってきて良かった」

◎マイナスのＳサイズ　「ウへーッ，ここまで来て危うく破片で怪我をするところだった」

◎マイナスのＬサイズ　「なんてこった！　わざわざここまで来て怪我をするなんて……俺は何て負け犬なんだ」

出来事をマイナスのSサイズの体験として捉えることで、それに対する対処法や戦略が生まれます。一方、出来事を**マイナスのLサイズ**として捉えると、否定的な信念（例えば、人生観）が形成され、基本的に変化が不可能になります。たとえば、もし、車のフロントガラスに石が飛んできたとして、それを**マイナスのLサイズ**の体験として捉えると「車がだいなしだ」となります。こうしたとらえ方はさらに「何びとたりとも、我が道を阻むべきではない」といった信念を生み出します。そして信条的なものになってしまえばしまうほど、相当な努力なしに変化させることが難しくなります。

しかし、もし私たちが、「おや、フロントガラスにちっぽけな小石の破片が飛んできたわ」と言ったなら、「誰なら直せるかしら？」という考えが浮かんでくるかもしれません。こんなふうに事態を捉えることができれば、フロントガラスは修理できるという考えも容易に生み出すことができるでしょう。つまり、一見マイナスと思われる出来事でも**Sサイズ**で捉えることで、すぐさま変化や解決に向けての対処法を生みだすことができるのです。一方、マイナスの出来事を**Lサイズ**の体験として捉えると、結果的に自分自身を無力な状態へと追い込むことになります。物事をマイナスに捉えるときに使った方法は、物事をプラスに捉える方法としても使うことができます。物事をプラスの**Sサイズ**の体験として捉えると、それほど重大なことでなくなり、気にしなくなったり容易に忘れやすくなります。反対に、物事を超プラスの**Lサイズ**の体験として捉えることで記憶に留めておくことができます。たとえば、ミーティングがうまくいったときには、「あのミーティングはうまくいった」と言ってもいいですが、これでは、プラスのSサイズです。代わりに、「参加者たちはみんな、私のプレゼンテーションからとってもたくさんのことを学べたようだ」と言うこともできるでしょう。プラスのLサイズの体験として事態を捉えることで、より長い間記憶に留めておくことができるのです。ここで確認しておきたいことは、チャンキング・ロジックというツールの目的は、現実世界を解釈する最も客観的な方法を探すことではなく、自らの目的に対して最も効果的で、毎日を快適に暮らしていけるような物事の捉え方を見つけ出すことにあるということです。

私たちの人生には、ときとしてプラスに捉えることがほぼ不可能な出来事も存在します。愛する人の死、テロによる虐殺などは、想像を絶するほどマイナスの体験です。こうした出来事は、変容するまで長い時間私たちの心に大きくマイナスの形で残ります。明らかにマイナスの体験を、取り繕ったりきれいごとで済ませることは適切ではありません。無理に取り繕ったりすると、かえってさまざまな問題を引き起こすだけです。できることといえば、こうした重大な出来事に対して、意見が合わない人たちから距離を置くくらいのことでしょう。しかし、日常遭遇する出来事のほとんどは、人生をガラリと変えてしまうような大事ではありません。私たちが日々体験していることと言えば、遅刻したり、コーヒーをこぼしたり、シャツにシミを作ったり、誰かを笑わせようとして言った冗談がスベッたり、仕事を家に持ち帰らなければならなかったり……といったことがほとんどです。こうした日常の出来事は、マイナスの体験として心に留めるほど大切なものでもありませんし、マイナスのＬサイズの体験として捉えてあなたの心を占領させておく必要性もありません。

チャンキング・ロジックは、私たちが日常で体験する出来事を、意図的かつ意識的に、よりプラスの体験として捉えるためのツールです。自分自身が培った能力に気づき、出来事をプラスの体験として捉える方法を身につけることができれば、私たちの人生にも大きなメリットをもたらすことができるでしょう。最終的には、マイナスだと思われるような出来事があったときでも、そういった出来事をマイナスのSサイズの体験として捉える心構えができていれば最高です。そうすることで、変化に向けての対処方法を導き出すことが可能になるからです。まずは、このツールをしっかり理解して、習慣になるまで練習しましょう。

◉――チャンキング・ロジックの練習

エクササイズ1

今すぐチャンキング・ロジックを体験してみるよい方法があります。今この本を読んでいるなら、少しの間脇に置きましょう。そして辺りを見回してみます。何か聞こえるでしょうか？　体は、今どのくらいリラックスしていますか？　そうして、呼吸に気づきを向けます。見渡せる範囲にあるもので、何か好きなものに注意を向けてみましょう――見えるもの、聞こえるもの、感じるもの、香りがするもの、あるいは、その組み合わせでも結構です。とはいえ、今こうしてこの本を読んでいるわけですから、辺りは落ち着いて穏やかな感じがするかもしれません。その穏やかさに注意を向けます。そうしてそこに調和を感じます。忙しく動き回っていたときには、見過ごしていたものに気づき味わってみましょう――たとえば、色、形、楽しい時間を過ごした記憶……他にもいろいろあるかもしれません――

1つであっても、あるいは、それ以上であっても、浮かんできたものには、プラスのフレーミングをします……普段そうしているよりはるかにプラスのフレーミングをしてみるのもよいでしょう。たとえば、「今、リラックスしているな」と言うかわりに、「このリラックスした感じって、なんて素晴らしいんだ」と言ってみるのもよいですし、「あの青色はきれいだ」と思うかわりに、「あの色はなんだかとても愛しい」と思ってもよいでしょう。もちろん、自分にとってしっくりとくる言葉を見つけることが一番ですが、チャンキング・ロジックの目的から外れないようにしましょう。そうして、1日に何回か練習しながら、徐々に使う頻度を増やしていきます。やがて頻度が増えたら、今度は速くできるように練習していきます。ほとんどどんな場所でもどんなときにも練習可能です。練習するにつれて簡単になってきますから、習慣になるまで続けましょう。練習の効果はすぐに現れてきます。

エクササイズ2

最近起こったマイナスの体験について、思い起こしてみましょう。取り上げるのは、人生を変えてしまうような大きな出来事ではなくて、よくある日常の出来事で結構です。たとえば、電子レンジに入れたお皿が割れてしまったことでもよいですし、仕事がもう少しで終わりというところで、上司が新たな仕事のファイルを机に置いていったことでも結構です。出来事を振り返って、あなた自身がその出来事を甚大でLサイズに捉えた結果、マイナスの体験になってしまったと思われることであれば何でも構いません。ここ1日か2日を振り返って、思い当たるものを何か1つあげてみましょう。

次に、その体験をどんな言葉で表現していたか、使っていた言葉を書き出してみます。「最低」「死にそう」「イライラする」「もうウンザリ」「やってられない」「最悪」「だいなしだ」「そんな馬鹿な」「もう終わった」といった台詞や、わざわざ活字にしなくてもいいような罵声語などが使われていなかったでしょうか？

次に、出来事の捉え方がどのようにあなたの感情に影響を与えているか注意を払います。そのときのことを克明に思い出すにつれて、心配や不安、感情や緊張感が増してくることに気づくことができるでしょう。出来事に対する評価の仕方、**そして**、意味付けの仕方がどれくらい不快な感覚や感情をもたらしていたか、今一度じっくり味わっておきます。ただし、あまりその体験にどっぷりと浸からないように注意してください。ここまでは、ほんのウォーミングアップで、これからが本番ですから。

それでは、先ほどの体験は脇に置いておいて、今度は少し意図的に振る舞ってみましょう。冷静で、落ち着きはらっていて、余裕たっぷりな振る舞いをする人を想像してみます。たとえば、映画「007」の主人公ジェームス・ボンドや、「ジェシカおばさんの事件簿」に登場するジェシカ・フレッチャー【ミステリー作家であるジェシカおばさんが、鋭い推理で冷静沈着にさまざまな難事件を解決していく人気サスペンスドラマ。日本でなじみのあるものとしては「刑事コロンボ」や「相棒」の杉下右京などを想像してもよい。】のような冷静沈着な人たちです。そして、そのうちの一人に同じ出来事に立ち向かってもらいます。実際に知っている人で、落ち着いていて、頭の回転も速く理想的な人がいれば、その人でも構いません。イメージするのは、ほんの2、3秒で十分です。その人物がその状況でどんなことを言っているか想像してみると、あなたより冷静で落ち着いて行動しているのを実感することができるでしょう。たとえば、お皿が割れたとき、ジェームス・ボンドはこんなふうに言うかもしれません。「誰かが怪我をする前に、片付けてしまったほうがよさそうだな」。机の上に大量のファイルが置かれたときも、「いつもどおり、私の能力の高さを信頼してくれているようだ」などと言うかもしれません。

もちろん、こうした例を示すことで、現実の問題を些細なことと見なしたり、つまらない無意味なものにしてしまおうとしているわけではありません。気づいていただきたいのは、私たちは、困難な状況に遭遇したとき、大げさに反応する度合いを下げることで、これまでよりずっと落ち着いて、効果的に物事に対処できるということなのです。このエクササイズの目的としては、少し時間をとって、想像上の人物たちがどのようにしてそうした事態を乗り越えることができるのか、楽しみながらイメージを膨らますことができれば大丈夫です。

最後に、実在する人物でも架空のキャラクターでも、模範となる理想的な振る舞いをする人たちが発した言葉と、ご自分の言葉を比べてみましょう。そして、以前使っていた言葉と比べて、より現実的なものがあれば取り入れてみます。同じ状況を、彼らがどのように捉えるか違いをはっきりと実感できたら、今度は、彼らと似た言葉遣いや振る舞い方で上手に対処しているイメージを描いてみます。以前の反応と比較して、ご自身の感覚や感情、出来事に対する評価の仕方は、どんなふうに変化したでしょうか？

この練習を1日2回（たとえば、昼1回、夜もう1回）行うと、自分でマイナスに捉えていた出来事を、これまでと違った観点から捉える習慣を身につけることができます。自分の中で比較対照しながら、選択的に気づきを深める機会を増やしていけばよいのです。このエクササイズを繰り返していくと、やがてハロー効果［後光効果。あるよい評価が全体の評価を引き上げること。］が生まれてきます。練習を続けていくうちに、新たな問題に対しても、単発的でなく持続的に、より上手にチャンキング・ロジックを使って対処できるようになっていくのです。

今よりもっとプラスの体験を蓄積して、問題と思われる出来事をマイナスのSサイズで捉えることを続けていると、やがて日々遭遇する出来事を評価する姿勢が変わってきます。チャンキング・ロジックが習慣になるのです。ここで行ったエクササイズは2つとも、最初のうちゆっくりと効果が現れ始め、その後加速度的にその勢いを増していきます。数週間のうちに練習必要量に到達すれば、毎日の生活が大いに改善されていることに気づくことができるでしょう。古い習慣の上にあぐらをかいていてはいけません。チャンキング・ロジックを使う習慣を身につけると、毎日の生き方が変わります。もしかすると、私たちはこれまで本来行うべきトレーニングと逆のトレーニングを長い間行ってきたのかもしれません。これから何年にもわたって、チャンキング・ロジックを徹底して使いこなして、活力に溢れ、楽観的に、自らの能力を生かしながら、よりポジティブで幸せな毎日を過ごしていただけることを願っています。

4 自己催眠

自己催眠は、集中力が高まった心の状態のまま、リラックスした体の状態を作るのに有効です。こうした心と体の状態はストレスを取り除くので、それ自体単独でも役に立ちますが、他のツールを行うときに自己催眠を併用することで、さらなる威力を発揮します。目的を達成するにあたって、有効な手段となるのです。私たちがさまざまな目的でハンマーを使うように、催眠もさまざまな目的に使うことができます。自己催眠は、本書で紹介されている他のツールを行う際、そのベースとなる質の高い集中状態を築くのに、大変役に立ちます。

◉――自己催眠はどのように働くか

まず、催眠についてですが、心理学の専門家から教わったものであっても、自分自身で学んだものであっても、よくテレビや映画に出てくるようなものとは違うということを覚えておいてください。本当の催眠とは、眠ったり、こん睡状態に陥ったり、気を失ったりするようなものではありません。これまでの科学的研究によって、睡眠時と比べて、催眠下では覚醒度が高いということが明らかになってきています。そもそも催眠は「深く眠る」というものではありませんから、催眠状態から「目覚める」わけでもありません。これまで催眠を行っている人たちが、そういった台詞を使っているのを見たり、聞いたりしたことがあるかもしれませんが、それは正確ではありません。これでは、催眠によって引き起こされるトランス状態が睡眠であるという誤解を与えてしまいます。また、他の誤解としてよくあるものには、催眠によって、コントロールを失って、暗示が無意識に埋め込まれ、それに従わなければならなくなったり、何かに憑依されて、健忘を起こしたり、トラウマの記憶があふれて、そのまま固まってしまい、トランスから出られなくなったりするといったものなどがあります。なかには、ベルの音を聞かせて、ニワトリのようにコケコッコーと鳴かせることができるといったものまであります。残念なことに、こうしたことを真実だと思っている人たちも結構いますが、幸いなことに、そのいずれも真実ではありません。しかし、もし万一、どこか正しいところもあるのでは……と思うようでしたら、今すぐ本章を読むのはやめて、次章に進んでください。分からないことに対して恐怖心を抱く方もかなりの数いらっしゃいますし、そうこうしている間に、真実を追求するより、ありそうもないようなお話を作り上げてしまうこともあります。催眠の科学的な背景を学びたい場合には、「アメリカ臨床催眠学会誌」や「臨床実験催眠学会誌」をご覧になることをお勧めします。いずれも厳格な入会基準を持ったアメリカの学会により、医学、社会福祉、心理学、歯学などのヘルスケアに従事する専門家向けに発行されている専門誌です。毎号、世界のトップクラスの科学者、研究者、大学教員、臨床家による研究成果が、ケース報告や実証研究という形で掲載されています。

自己催眠の手順自体は、ほんの2、3分しかかかりません。平均すると、1セッション5、6分から30分といったところでしょう。途中、中断されることがなければ、だいたい30分から40分以内にトランスから覚めるという研究結果もあります。もし、セッション中、長く集中力を保つことが難しければ、早めに覚醒しても構いません。これから、自己催眠の技法をいくつか見てみて、あなた自身に一番ぴったりくるものを選びましょう。本書でご紹介する「願いをかなえるツール」は、どれもリラックス状態と集中状態をもたらしてくれます。他のツールを行う際、必ずしも自己催眠を行う必要はありませんが、併用することでより集中力を高めることができます。

また、自己催眠を学ぶことで、以下の3つのことが可能になります。まず、ストレスを軽減させたいとき、身体的に心地よい状態を作り、保つことができるようになります。軽度の不安のコントロール、疼痛管理を行うことができます。そして、他の章でご紹介するツールを行う際、そのベースとなる集中力を持続させることが可能になります。

◉――自己催眠メソッド1　スライダーイメージ法

最初にご紹介する方法は、「スライダーイメージ法」です。深呼吸をしてリラックスするのに、漏斗の形をしたチューブ状のウォータースライダーを滑り落ちていくようなイメージを使うところから、このように名付けました。実際の手順をイメージしていただくには、図3をご参照下さい。「スライダーイメージ法」を何回か連続して行うと、瞬間催眠の技法としても用いることができます。

ステップ1　首の上の方から座っている腰の下の方まで、大きな漏斗の形をしたチューブ状のスライダーが伸びているところを心に描きます。頭は広いつばのようなもので支えられていて、身体を囲むように幅の狭いスライダーが眼下にある椅子に向かって下りているところを想像します。

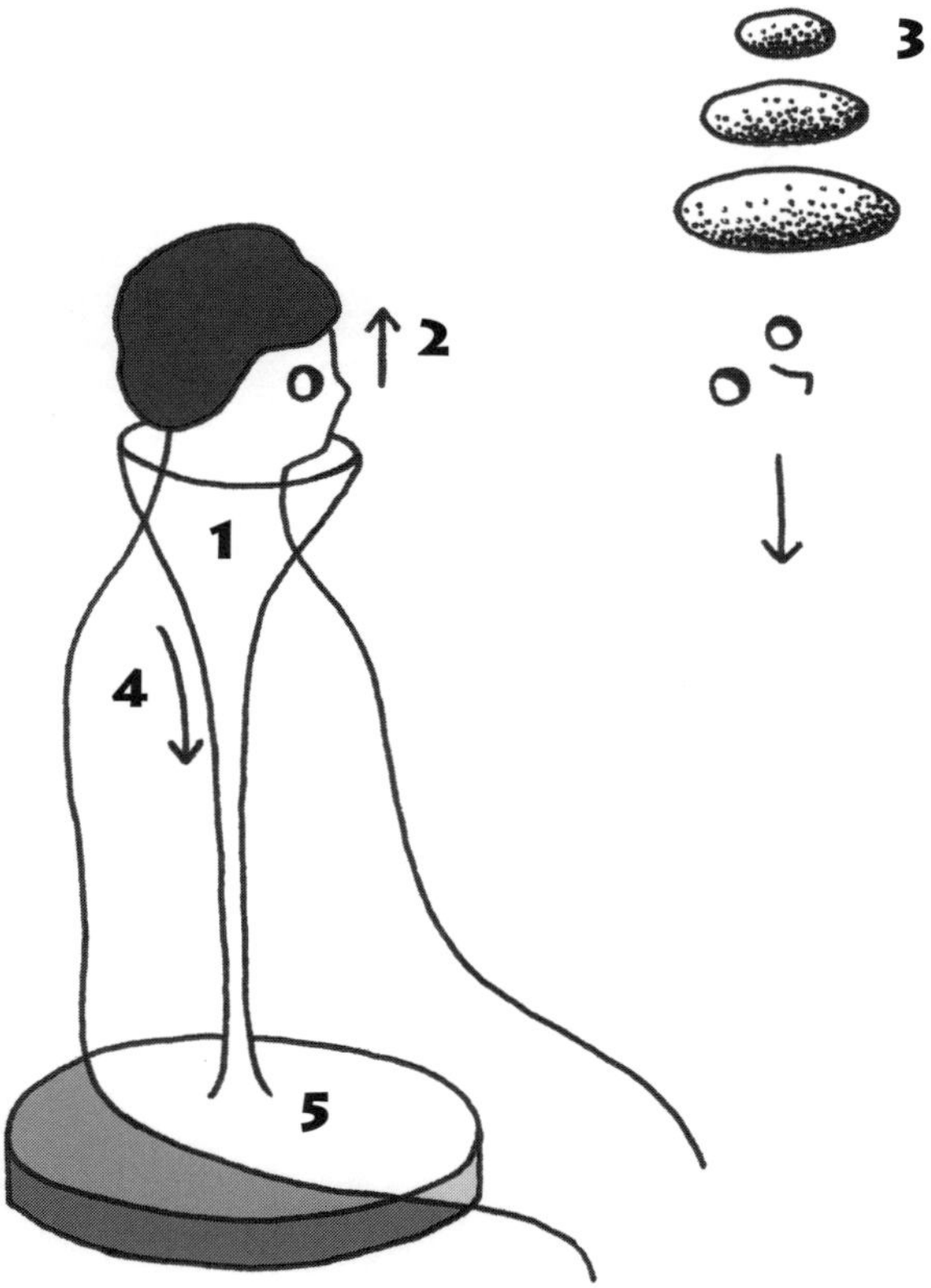

図３　「スライダーイメージ法」を使って行う自己催眠の手順

ステップ2 スライダーを滑り落ちていく前に、スライダーの一番上の部分を見上げるようにして眼球を上に向けます。

ステップ3 次のステップ4が始まったとき、スライダーを滑り落ちながら、スライダーの一番上の部分を見ていると、てっぺんから遠ざかっていくにつれて、その内径がどんどん小さくなっていくのを想像します。スライダーのてっぺんがどんどん遠ざかっていくのを見ているようにすると、役に立ちます。

ステップ4 今度は、あなた自身の重力によって（あなたの眼でも「あなた」というものを構成しているものでも構いません）スライダーを滑り落ち始めます。心地よさを感じながらも実際に滑り落ちていく感覚をリアルに味わいます。

ステップ5　スライダーのてっぺんからどんどん離れていくのを見ながら、滑り落ちていく感覚を味わいます。最後に、リラックスした状態で、椅子にお尻がついて、スライダーの一番下に到着したとき、やさしいクッションの感覚を感じます。こうしている間に、ゆっくりと、お腹から呼吸していることにも気づくことができるかもしれません。

ステップ6　そうして、心地よく椅子に腰掛けていると、体のある部分にくつろぎの感覚を感じることができます。さらに何回か呼吸を重ねていると、そのくつろぎの感覚が、体中に広がりながら、「ゼリー」のようになっていきます。イメージの力によって、あなたは、自分でこんなふうにゆったりと呼吸をしながら、リラックスした状態を作り出すことができたのです。このリラックス感が自分自身の体験としてしっかりと定着するまで、他のことを想像する必要はありません。（もし何か他のことを想像すると、感じるものが変わってしまいます）

ステップ7　眼を閉じたままで、その心地よい感覚が体の中にしっかりと記憶されていくのを感じます。これから他のツールを学んでいくとき、心地よくリラックスしながら集中した状態が必要であれば、いつでも眼を閉じると、その感覚が体の中によみがえってくるのを感じることができます。

◉――自己催眠メソッド2　黒板と階段イメージ法

自己催眠の方法として効果的なものには、ビジュアリゼーションを使ったもの、言葉を使ったもの、感情の変化をイメージするものなどがあります。これからご紹介する手法は、3つのステップで構成されていて、所要時間は3分から10分ほどです。他の方法と同様、完璧に行う必要はありません。各ステップを通して、望む目標が達成できるように、軌道修正を行いますが、進んでいく上で多少の誤りや省略があっても、望ましい結果が得られなくなるわけではありません。しかし、何を習得する場合もそうですが、「習うより慣れろ」、すなわち練習に勝るものはありません。各ステップで立ち止まって修正することなく、簡単に進められるようになれば、それにつれてよい結果も得られるようになります（図４）。

ステップ1　心地よく座れる場所を見つけて呼吸に注意を向けます。自己催眠を行うときは、座位でできるだけ背筋をまっすぐにして行うことをお奨めします。もし瞑想や座禅の座法（蓮華座）をお好みでしたら、それでも結構です。

ステップ2　目を閉じて、心の中で黒板をイメージします。

ステップ3　次に、その黒板にこれからお伝えする数字を書いている自分自身をイメージします。黒板に数字を書いている自分の手が見えるかもしれ

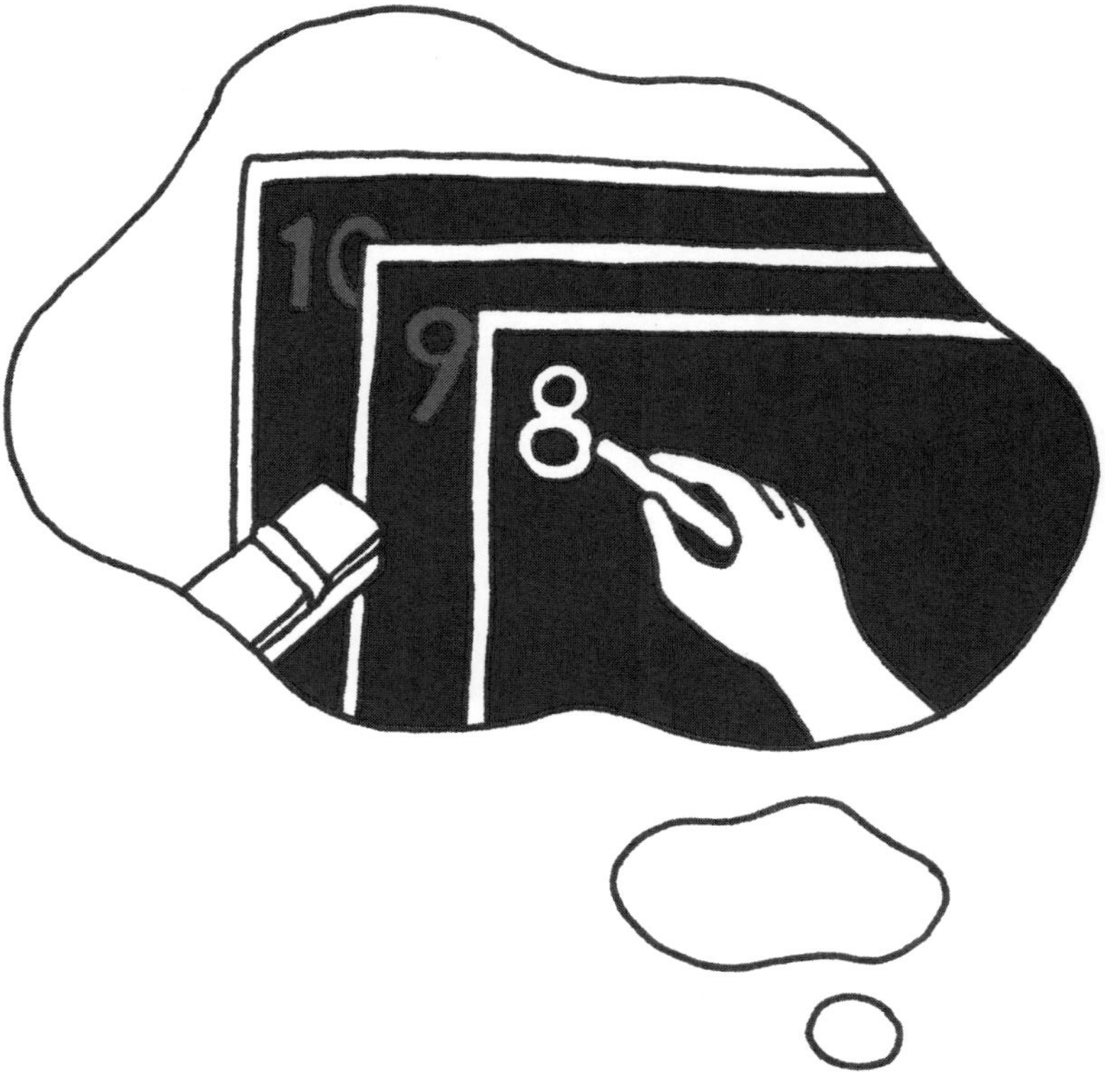

図４　数字を消したら、次の数字を書いて、また消します。

ませんし（第1ポジション／連合体験）、自分で黒板に数字を書いている姿が見えるかもしれません（第3ポジション／分離体験）［知覚の第一ポジションは自分自身の視点、第二ポジションは相手の視点、第三ポジションは観察者の視点。］。そして、黒板に書いた数字はすぐに消していきます。簡単な方法としては、黒板に10から1までの数字を書いていくものがあります。まず、数字の10をイメージして、それを消し、そしてまた次の数字をイメージして、それを消していきます。後ほど、他の方法についてもご説明します。

ステップ4 最後に数字の1を書いて消し終わると、そこには、空白の黒板が見えます。空白の黒板を眺めながら数字の10から1まで声に出さずに数えていきます。1つ数えるごとに、もっとリラックスして集中力が高まり、内側に没入していきます。もし、お望みでしたら、心の中で「さらにグゥッと集中していく」「もっと深ぁく入っていく」といった言葉を数字の後に添えてみてもよいでしょう。たとえば、「10、さらにグゥッと集中していく」そして、ひと呼吸の間をとって、「9、もっと深ぁく入っていく」というように、心の中で言葉を添えていきます。……そして「1、もっと深ぁく入っていく」ところまで続けていきます。

ステップ5 次にあなたの前に10段の階段をイメージして、その階段を下りていくところをイメージします。階段の一番上に立ち、一番上の10段目から一歩ずつ下りて行きます。実際に、ももからつま先までが動いている感じを想像します。そして、体重を一方の足からもう一方の足に移しながら、階段を一段ずつ下りて行くのを想像します。どこまで下りているのか覚えておくのに、小さな声で数を数える必要があるかもしれませんが、もちろんOKです。しかし、あくまで大切なのは、階段を一歩一歩一番下の段まで下りて行くときの感覚です。

ステップ6 階段の一番下まで来たら、今度は、あなたの前に椅子があって、そこに座るのをイメージします。椅子に座ったら、本書に紹介されている別のツールを始めてもよいでしょう。

ステップ7

自己催眠を終える準備が整ったら、今度は、先ほどと逆のプロセスを辿って行きます。10段の階段を上がって行くのをイメージします。初めは声に出さずに、1から10まで数え、その後、今度は声に出して1から10まで数えます。(今回は、数字を黒板に書いて消す場面はイメージしなくて結構です) 2度目に、10まで数え終わるとき、目を開けて、部屋の気配に注意を戻します。気づいたことを書き留めておくと、後で振り返るときに役に立つかもしれません。

お好みに応じて、これとは違ったイメージを試してみるのもよいでしょう。たとえば、平日の曜日を順番に書いては消して、週末まで続けます。週末は多くの人にとってリラックスする時間ですから、平日から週末へと向かって進んでいくことで、完全にリラックスできる機会へとつながっていきます。これを月単位で行えば、次回の休暇へとつなげることもできます。同じように、ある年を黒板に書いては消しながら、時をさかのぼって、過去の出来事を体験することもできます。つまり、黒板に現在の年を書いては消して、またその前の年を書いては消していきます。素晴らしい体験をした年にたどり着くまで、黒板の時間をさかのぼっていきます。もしかすると、15年前の学生時代に感じた自信にあふれる感覚を思い出すことができるかもしれません。そんな感覚が感じられていた学生時代に到着するまで、黒板の年をさかのぼっていくのです。この自己催眠の技法は、こんなふうに、少しずつ修正を加えながら、柔軟に使うことができることにお気づきいただけたかと思います。

◉——自己催眠メソッド3　マグネットハンド法(手のひら磁気感覚法)

この技法では、体の感覚を使って催眠に入ります。タイトルに「マグネット《磁気感覚》」という言葉を使いましたが、それは、実際に本物の磁気が発生するといったものではなく、この技法を行っていくと得られる感覚的なものです。まず、手のひらを胸の前に置き10センチから15センチ離します。そうして、腕と肘が宙に浮くようにします。この姿勢を保ちながら何回かゆったりと呼吸をしてリラックスしていきます。そうしていると、指先の多くにピクピクとした感覚を感じ始めることができるでしょう。そこで、指をわずかに近づけたり、離したりすると、指と指の間にまるで磁石が引き合ったり反発しあったりするような感覚が起こっていることに気づきます。繰り返しになりますが、もちろんそれは実際の磁気ではなく、この技法の習得を感覚的に理解しやすくするためのものです。

その感覚は、指先の毛細血管の血流に敏感になったときに得られる感覚です。また、その感覚は内側に注意を向けて集中した感覚を広げ、ひいてはトランスに入るのにもとても役に立ちます。私たちが目指しているのは、そうした感覚を創り、それと共鳴してすべての体験が変容するところまで、増幅させることです。

ステップ1 肘や手を膝につけないようにして、胸の前に両手を出します。そして、両手の指と指が向かい合うようにして、3センチから4センチ離します。

ステップ2 腕をリラックスさせて、呼吸に注意を向けます。そうしていると、指がピクピクし始めて、じんわりした感じがしたり、指先に脈動が感じられることに気づくかもしれません。そうして、向き合った指と指をほんの少し近づけたり、離したりしながら、その感覚がさらに強くなっていくのを感じます（図5）。

ステップ3 その指先の微細な脈動の感覚に気づきを向けたまま、次に指の関節（指の根元の方）へと、注意を移動させていきます。そうして、その微細な感覚がその関節まで伝わってくるのを待ちます。以後同じように、次の関節へと注意を移動させ、その感覚が移動してくるのを待つというプロセスを繰り返していきます。最終的に、指全体、そうして、手

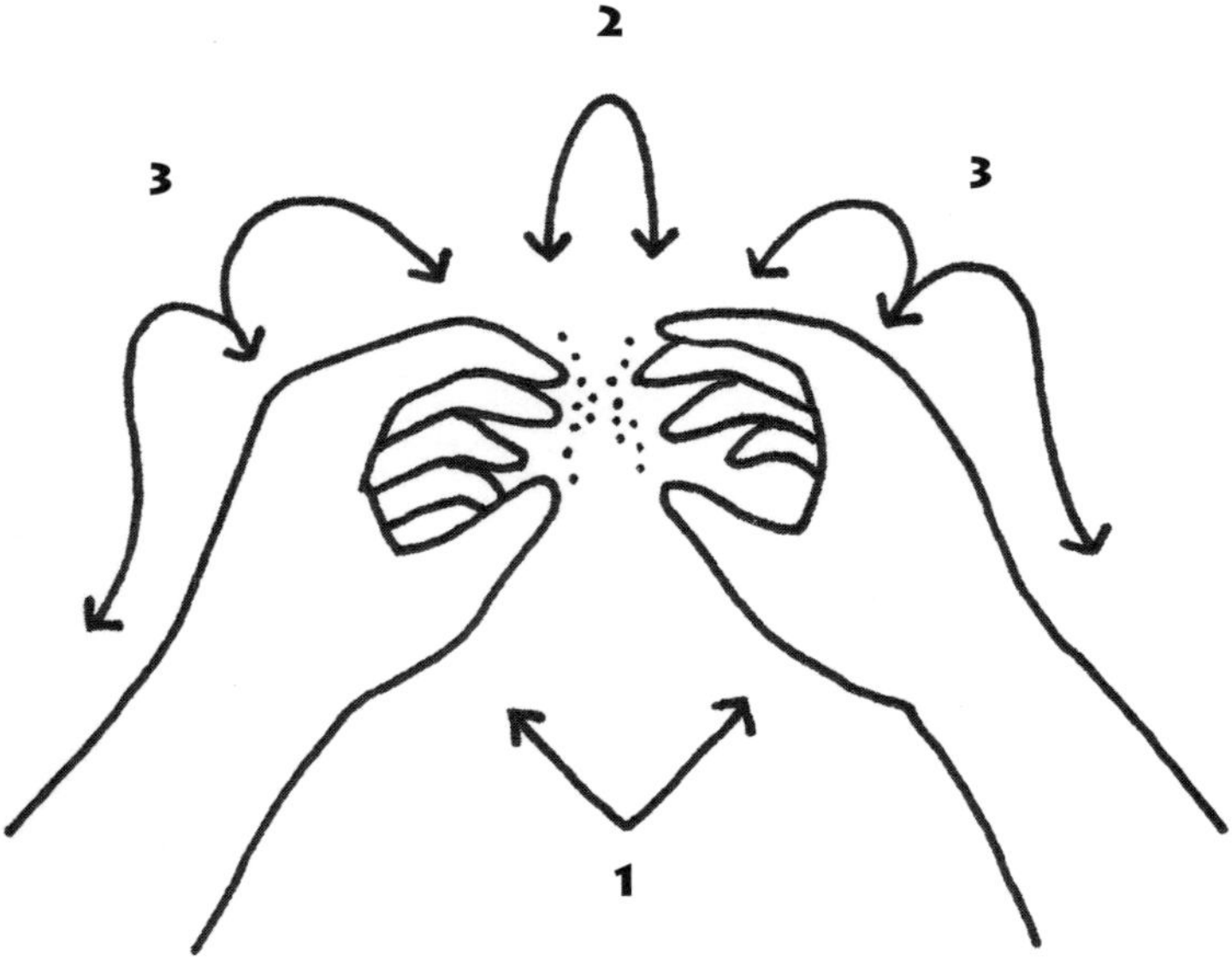

図５　徐々に感覚を指から腕へと広げていきます。

の甲、手のひらまで、脈動とその微細な感覚が伝わり感じられるようになっていきます。

ステップ4 そんなふうに、意識を向けることで、その感覚を前腕、肘、二の腕、肩、そして、首まで「導いて」広がっていくのを感じます。手首、肘、肩関節と、1回に1つずつ、行っていきます。2、3分で、指から、腕、そして肩までその感覚が十分に伝わった感じがするでしょう。

ステップ5 今度はその感覚を、胴体全体に巡らせていきます。そうしてそこから足の方や頭の方へと移動させます。

ステップ6 この段階で、本書で紹介されている他の技法を使い始めます。

ステップ7 エクササイズを終了し、目を開けます。そして、何回か深呼吸をして、腕や手からその感覚をふりはらって、今、ここに戻ってきます。

自己催眠のセッションが終わると、あっという間だったとか、自分が感じたよりもっと長い時間が経っていたということに気づくかもしれません。トランスに入っている間に、出てきたアイデアや創造したイメージを忘れてしまったことに気づくかもしれません。こうした反応は、トランス下ではごく普通のことです。しかし、もしこのような体験をしなかったとしても、もちろん大丈夫です。自己催眠のセッションがうまくいって、有益な結果が得られるのに、必ずしも必要なことではありませんから。

催眠によって注意集中することで、思考が散漫になる回数が減り、より目標に集中することができるようになります。その結果、望む目標との間により強力な結びつきを生み出すことができます。たとえば、第8章でご紹介する「セルフイメージ・シンキング」というツールと併せて自己催眠を使えば、自信に満ちた体験が高まり、予定されている社内会議に自信を持って臨んでいる状態を体験することができます。注意の散漫がない状態で、社内会議の光景を見たり周囲の音を聞いたりしながら、自信にあふれた感覚に集中していると、その感覚が条件づけされて、必要なときに自分で引き起こす能力を身につけることができるようになるのです。

この感覚がどんなものか分かっていただくときに、私は、よく2つに割れたカップを接着するときの比喩を使います。上手にくっつけるには、割れたふちの部分をきれいにしなければなりません。液体や固形の油、粉や汚れがすべてしっかりと落ちていればいるほど、接着力も強くなります。逆に、不要な粉や汚れがふちに残っていればいるほど、しっかりと接着させることはできません。つまり、注意集中状態を高めることで、私たちが望む体験を阻む雑念を取り除くことができるのです。雑念は、不要な破片や粉のようなもので、創り上げようとするものの接着力を弱めます。本書に登場する他のツールを行うとき、自己催眠を一緒に使うことで、いつでも、より迅速に持続力のある変化を生みだすことができるようになります。

もし、現時点で自己催眠に興味が湧かなかったとしても、がっかりする必要はありません。これから登場する「願いをかなえるツール」は、すべて各章の説明に従って練習していけば、うまく行うことができるように構成されています。自己催眠を使ってあるツールを2回行うことは、同じものを自己催眠なしで行う場合の3、4回分に相当しますが、必ずしも自己催眠を使わなくても大丈夫です。

5 感謝のプレゼント

第3章でもお話ししましたが、「チャンキング・ロジック」を使う習慣が身についてくると、精神的にも肉体的にもたくさんの恩恵を受けることができます。人間関係をはじめさまざまな分野でその影響が現れてきます。本書の内容は、「あなたがより幸せで、生産的な人生を送りたいと願うなら、プラスの体験を検索して、それを取り入れることです」とまとめることができるでしょう。本章では、そのためのもう1つの方法である「感謝」の使い方についてお話しします。具体的には、日々の生活の中で感謝できることがらを集め、それを再体験していきます。

感謝の念を持つことを「愚かな考え」「時間の無駄」「単なるポジティブ・シンキング」「よい考えだが実際に役には立たないもの」というように、取るに足らないこととして簡単に片付けてしまっている人たちもいるようです。特にこうした考え方をする人たちは、現在幸せではなく、またその理由がどんなものであれ、抱えているストレスに自ら力を貸すような心の使い方をしている場合が多いようです。

以前、感謝できる体験を書き出してみるなんて、いわゆる苦行のようなものだと考えている人とお話ししたことがあります。その人は、感謝を表すことで自分を明け渡してしまうような感じがしたり、本心から感謝していないときに、「ありがとう」と言うのは、自分の一部を売り渡してしまうような感じがすると言っていました。必要もないのに無理矢理感謝させられるかのように考えているようです。つまり感謝を、他人のためにすべきことであったり、理解や共感を養うために行う行為であると考えていたのです。しかし、本章でご紹介するツール「感謝のプレゼント」を毎日行う本当の目的は、私たち自身の健康のために、プラスの体験を取り戻す習慣を育てることにあります。

よく私たちは、自分が考えたり感じたりしていることは、ほんのわずかな影響しか及ぼさず、世界（あるいは世の中の人々）を変えることが、実質的に自分たちの考え方や感じ方に変化をもたらすと信じています。しかし、それは違います。私たちは、同じ状況におかれても、多種多様な反応をします。ある人がディズニーワールドに旅行に行って、人生最高のひとときを過ごすことができても、ほぼ同じような境遇にある別の人にとっては、その旅行は煩わしくつまらないものになったりするのです。こうした違いは、出来事そのものによるものではなく、対象となる出来事に向き合ったとき、出来事に対する自分の思いをどのように使うことができるにかかっています。

感謝というのは、物事を好意的に捉え、評価することができて初めて行うことができます。したがって、素晴らしく価値のあるものに気づく力を養うことでもあります。また、そうした価値のあるものに気づけたことを、喜びを持って承認し、ありがたく思う心の表れでもあるのです。

◉――感謝を体験する

1日を終えて、感謝できるような出来事を振り返るには、夜寝る前が一番よいでしょう。少しだけ時間をとって、感謝できそうな出来事を短い言葉で書き出してみます。

ステップ1［今幸せでない方の場合］ 1日を振り返って嬉しかったことや楽しかったことを5つか6つあげてみましょう。もしプラスの体験が思い浮かばなければ、思っていたほど悪くなかったことについて考えてみます。たとえば、お皿を割ってしまったけれど幸いにも手を切らずに済んだ、タイヤがパンクしてしまったけれど事故にならずに済んだ、といったことで結構です。もしかすると事態は、もっと悪くなっていたかもしれません。こんなふうに、日々の生活で、プラスの体験を集めることに慣れていない場合には、思ったほど（そんなに）悪くなかった出来事を5つか6つ思い起こして、感謝することから始めましょう。

ステップ1

［その他のみなさんの場合］　1日の出来事を振り返って、楽しかったり、喜びを感じることができたことを5つか6つ思い浮かべてみます。後で、数を2倍に増やしてもよいですが、最初はこのくらいで始めましょう。こうした出来事を思い浮かべていると、そのときの感覚がよみがえって、もう喜びの感情が溢れてきているかもしれません。たとえば、就職活動をしていた子どもさんから、希望していた企業に就職が決まったと電話があったこと、レストランで偶然仲のよい友達と出くわしたことかもしれません。こんなとき、どれほどよい気分がするかお分かりですね。でもそのとき、そんな素晴らしい気分をしっかり

と味わう時間をとらなかったかもしれません。他にも、欲しかった情報が満載のセミナーに参加したり、仕事に行く前の短い時間でタイミングよく用事を済ませることができたことはなかったでしょうか。やはり、そんなときにも、十分に時間をとって幸せな気分を味わうことがなかったかもしれません。もしかすると、こうした体験は、わざわざ取り上げるほど大したものではないと思っていたかもしれませんが、このエクササイズでは、やがてこの部分がとても大切な役割を果たすことになります。

ステップ2

先ほど選んだ5つか6つの状況を1つずつ思い起こして、十分にその体験に浸ります。心地のよい感覚が思い出される場合は、その記憶をできるだけ鮮明にして、そのときの素晴らしい感覚や感情を再体験します。そうして、その感覚を味わいながら、自分自身に話しかけてみます。「素晴らしい!」「それ、大好き!」「とってもいい感じ!」などと、心の中で叫んでみます。こんなふうにセルフトークを加えることで、心地のよい感覚にさらに没入することができます。もし、ポジティブな感情がはっきりと浮かんでこない場合は、少し工夫をしてみましょう。もう一度、先ほどと同じ出来事を思い浮かべます。そうして、今回は始めにセルフトークを加えます。セルフトークの言葉を選ぶとき、第3章の「チャンキング・ロジック」で学んだことを思い出して、以前にその出来事を体験したときよりももっとプラスの体験ができるように「フレーミング」します。先ほどと同じ言葉を使ってもよいですが、その場合には、自分の心に響く言葉を選ぶようにしましょう。先ほどのエクササイズの中で、仕事の前に用事を済ませることができた例を取り上げましたが、これだけではグッとくるような幸せな気分は感じられないと思ったかもしれません。しかし、一度でも体験したことがあれば、心配いりません。私の子どもたちが車を運転し始めて、初めてガソリンスタンドに行ってガソリンを入れたときには、とても興奮していたものです。多分、こうした体験は、私たちにもあったのではないでしょうか。それでは、なぜ日頃車にガソリンを入れに行っても、そういった感情を忘れてしまうようになったのでしょう？おそらく、興奮や喜びが感じられたときには、何らかの目新しさ（新奇性）があったに違いありません。しかし、状況はそのときと何ら変わりないのです。車もありますし、ガソリン（gas）を入れることもできます。そして、実際にそれができることは1つの成果なのです（……冗談（gas）ではありませんよ！）。せっかくなら、その出来事に感謝して、味わってみてはいかがでしょうか？　立派に感謝に値することです。

ステップ3

浮かんできた出来事につき1つずつ、短くても構いませんので、感謝の言葉を書き出してみます（図6）。リストに上がってくる出来事が12個になっても15個になっても、あるいは、それ以上になっても構い

図６　一番よいのは、感謝できることをリストに書き出してみることです。

ません。続けているうちに習慣になり、やがて満足感が得られるようになってきます。（特に寝る前に行う場合には、リストを枕元に置いておくのもよいでしょう）

ステップ4

そして、翌朝目覚めたらすぐ、ベッドから起き上がる前に、前の晩に書き留めた事柄を思い起こしてみましょう。なかなか思い出せなくてビックリするかもしれませんが、リストを読み上げて、記憶を呼び起こします。

また、このワークは、1日を始めるのにピッタリです。自分の人生や価値観、そして、1日を心地よく感じながら過ごしていくのに、私たちはたくさんの選択肢に囲まれていることに気づかせてくれます。「感謝のプレゼント」に熟達してくると、それにつれて本書で紹介されている他のツールの効果も一層高まり、新たな習慣も身につきやすくなります。その成果は、特に、シンボリック・イメージャリー（第6章）やセルフイメージ・シンキング（第8章）、チャンキング・ロジック（第3章）を行うときに、最も顕著に表れます。プラスの体験に気づきながら1日を始めて終わることで、体験の貯蔵庫に大きな財産を築くことができるのです。中でも特に素晴らしいことは、そうした習慣の蓄積は、雪だるま式に大きくなっていくことです。感謝のプレゼントをすることで、起こっている出来事をポジティブに体験する能力を育て、そうした体験を思い起こすことで、それをまた、他の体験にも生かせるようになっていきます。

6 シンボリック・イメージャリー

リソースイメージを体現する

シンボリック・イメージャリーは、望む変化に必要な体験を取り出すときに使うツールです。心理療法であれ、医学であれ、自己成長《セルフヘルプ》の分野であれ、目指していることは、必要な場面で必要なリソースを取り出して体験できるようになることです。本書を執筆したねらいもまさにそこにあります。私たちは、現在でも、未来でも、必要な場面で必要なリソースを体験することを可能にしてくれるような「願いをかなえる」ツールを求めています。したがって、必要な体験を取り出し、そうした体験の質を高めるということとが、ツールの至上命令となるのです。後ほど第8章でご紹介するセルフイメージ・シンキングというツールは、未来の状況と望むゴールを結びつけるために使いますが、本章でご紹介するシンボリック・イメージャリーは、望む目標を体験するときに感じる感覚や感情をより強烈なものにしたいときに使います。したがって、セルフイメージ・シンキングのように、ある程度時間を必要とするツールの前段階として行うこともできますし、単体で行うこともできます。まずは、1日に2回ずつ行いながら、習慣として大切な体験に身を委ねられるようになるまで、練習することをお奨めします。選んだイメージがあなた自身の人生の主要な目標を象徴していることがとても大切です。

シンボリック・イメージャリーを使って、望むゴールを描く際、人生のすべてについて計画する必要はありません。自分が成長していく過程で立ち寄るであろう重要な通過点を象徴するような体験が一握りでも含まれていれば十分です。イメージする分野としては、健康、恋愛、成功、人助けなどがあるでしょう。

今この4つの分野を関連があるものとして想定してみましたが、あなたにとって大事なものが他にあれば、必要なものを自分で決めることが大切です。もっとも大切なことは過去にあった衝撃的な出来事を乗り越えることかもしれませんし、対人関係においてはっきりと自己主張できることかもしれません、あるいは、これから行う仕事に対して粘り強さや洞察力を持てることかもしれません。

◉──シンボリック・イメージャリー

ステップ1　まず初めに、目標を設定します。最初のうちは、達成したい目標の数は3つか4つ以内にしましょう。先ほどもご説明しましたが、この目標は、今から数カ月から数年間、あなたにとって大切なものにします。第8章のセルフイメージ・シンキングでは、一時的な体験や目標を扱いますが、今回扱う目標は、あなたの成長や幸福、健康に役立つものがよいでしょう。（他の章で選んだ目標が適さないと言っているわけではありませんが）ここで選ぶ目標は自分自身の方向性や歩んでいく道のりを**象徴する**ものだからです。（図7参照）

ステップ2

次に、先ほど選んだ目標1つひとつについて、最もうまくその目標を達成できていたときのことを思い出していきます。たとえば、成長したい分野が健康であるなら、健康な食生活を送っていたときのこと、定期的に運動を行っていたときのこと、健康に十分気をつかっていたときのことなどを思い出してみましょう。たとえそれが短期間のことであったとしても、そうした体験を思い起こすことができるでしょう。高校時代に遡るかもしれませんし、大学院に在籍していた頃のことかもしれません。20年、30年前に遡るかもしれませんが、どんなことでも構いません。大切なことは、あなたの人生で再び同じような体験をしたい分野や、これからも成長したいと思う分野で、以前にうまくいっ

図７　シンボリック・イメージャリーは、磁石のように、
望ましい感覚や感情を引き起こします

た体験を思い出すことなのです。

ステップ3 次に、リソースとなる体験からそのうちの一コマを選びます。一コマを選ぶというのは、あなたの心をもっとも惹き付けるような記憶の一場面をスナップショットに収めるという意味です。それは、図書館で栄養に関する本を読んでいたときのことかもしれませんし、あなたが目覚めてからトレーニングウエアに着替え、悪天候にもめげず、ジョギングに出かけたときのことかもしれません。あるいは、菜食主義を実践していたときのことかもしれません。食事に満足感を覚え、すべてを平らげることなくお皿を下げたといったほんの些細なことで構わないのです。自分を成長させ、変化を引き起こす力を与えてくれるような記憶が、あなたの内側から沸き上がってくれれば、それで結構です。

ステップ4 次のステップには、３つの段階があります。一見すると、あまり必要性が感じられないかもしれませんが、そこにはしっかりと意図があります。

A・まず始めに、肘の力を抜いて、胸の前に両手を出します。手のひらが向かい合うようにして、だいたい15センチから20センチ離します。そうして、リラックスします。そうしていると、手と手の間に、何かエネルギーのようなものを感じることができるでしょう。手と手の間に、磁石のように引きつけられる感覚や脈動のようなものを感じられるという方もいます。私は、ただ手のひらや指先の毛細血管の血流に注意を向けて、その感覚を感じ取ることができるかどうかが肝心だと思っていますが、いずれにせよ、これは身体的な体験、直感的で感覚的な体験です。そして、そこがこのステップの肝心なところです。

B・次に、先ほど選んだイメージが、まるで向かい合った手のひらと手のひらの間で、実際に起こっているかのように描き始めます。イメージの大きさは、ちょうど手と手の間に収まるように、15センチから20センチ以内の大きさに収めるとよいでしょう。イメージの中で、あなた自身が達成したい目標に関係することを行っている場面を想像します。もし目標の1つが健康であることなら、図書館で栄養に関する本を読んでいたときのことを思い浮かべるのもよいかもしれません。そうして、イメージの中には、図書館で椅子に座って本を読んでいるあなた自身の姿が映っています。

c・最後に、描いているイメージをできるだけ鮮明にしていきます。表情も詳細に、肩、胴体、腰、腕、下半身から、床についている足の裏の感覚、着ている服の感じまで、しっかりと克明にイメージします。イメージの至るところまで鮮明に描くことが大切です。そうしていると、単にイメージを見ているというより、見ているものを創造しているように感じられてくるかもしれません。しかし、ここでは、あくまで象徴的なイメージを鮮明に創り上げることが肝要です。

そうして、あなたが当時その場所にいたときの感覚を感じ始めるくらいまで、さらにそのイメージの鮮明度を高めていきます。実際にその感覚が体の中に感じられてきても全く心配する必要はありません。それによって、呼吸が変わるだけでなく、姿勢にも何かしら変化が表れるでしょうし、表情には笑みが浮かんでくるかもしれません。それが、このエクササイズの目的です。必要な体験を克明に鮮明に思い出すことで、運動感覚が活性化され、体の中にも生理的な反応や感覚を作りだすことができるのです。

生理的な反応や強い感情を体験できるようになるまで、おそらく、1日あたり数回、4日間ほど練習を繰り返す必要があるでしょう。そして、そのときの感情を体験できるようになると、リソース体験を象徴するイメージとの間に結びつきが起こり、やがて条件づけがなされます。

イメージしている出来事と連動して、実際にそのときの感覚や感情が体験できることに気づいて驚かれることでしょう。強調してもし過ぎることはありませんが、シンボリック・イメージャリーを繰り返し行うことで、あなた自身に変化を引き起こす能力が備わっていたことを実感できるようになります。このエクササイズに真剣に取り組んでいると、4、5日のうちに、体験しているのは過去のことではなく、今ここにいる自分自身がそうした感覚を体験していることを実感できるようになります。

やる気の高まりや望ましい感情は、もう過去のものではなく、まさに今ここで体験しているものであるという気づきは、これからあなたが目標に向かっていく過程で大きな助けとなってくれるでしょう。先ほどもお伝えした通り、望む体験を象徴するイメージを3つか4つ描くようにします。このツールを練習する際、ステップ1で選んだイメージ1つにつき2、3分ずつかけるようにします。まだ始めて間もない場合は、イメージの数は3つから4つを超えないようにしましょう。ひとたび、イメージに集中して、そのイメージをはっきり描けるようになり、望む感覚や感情をしっかりと体感できるようになれば、このエクササイズはほんの数秒で完了させることができます。そうなれば、1日に何回も行うことが可能になるでしょう。

このツールを何週間、何カ月にわたって行っているうちに、最初に選んだイメージが少しずつ変わってくることがあります。しかし、イメージしている目標や方向性は、数カ月や数年では変わりません。よく望む体験を象徴するような他のイメージを思い出すことがあります。そういった場合には、もともとのイメージをキープしてもいいですし、もともとのイメージに新しいイメージを付け加えても構いません。あるいは、セッション中にどのイメージがしっくりくるか行きつ戻りつしてみるのもよいでしょう。

最後になりますが、イメージが象徴する感覚や感情を簡単に体感できるようになっても、練習を止めないことが肝心です。このツールを使うことで、願望を想い通りに体験することができるようになります。これまで無意識的に習得された既定のプログラムにとって代わるまで、意図的に必要な感情や心構えを体験する習慣を作って、それがあなたのライフスタイルに変化をもたらすまで続けることが大切です。（それによって、新たな無意識的な習慣が作られるのです。）

シンボリック・イメージャリーを1、2回終える頃には、望む感覚をしっかりと味わえていることに気づくことができるでしょう。そして、「私には、その感覚が**分かる**」と、過去の出来事を振り返って思うかもしれません。練習を始めて数週間後には、その感覚が一層深まって、「私にはその感覚が**ある**」と思えることに気づくでしょう。さらに1カ月か2カ月練習を続けていくと、その感覚が広がり、あなた自身と体験が**同化**し始めます。その感覚はとても強烈で、ややもすれば、自分で「私は、（以前からずうっと）**そういう人間だ**」と感じられるようになるでしょう。当初は、記憶でしかなかった感覚が、今ここでの体験となり、最終的には、あなた自身のセルフイメージとなったのです。

7 ハートジョイ

心に愛を宿らせる

ある恋愛ソングの歌詞に「あなたの心に愛を少し乗せて♪」というフレーズがありますが、私たちの周りには、ほかにも絶望せず心を開いて会話し、満たされた心で過ごせますようにと歌っている曲が数えきれないほどあります。しかし、不幸なことに、多くの人たちにとっては、それは、あくまで歌の上での話であって、自分で望むように、心の中に喜びを感じることができるわけではありません。それどころか、心の中には、恐怖や怒り、悲しみといった感情がたくさん存在しています。こうした強烈な感情で心がいっぱいのとき、心拍は急上昇し、心臓がドキドキします。それに気づくと、今度は、恐怖や怒り、悲しみといった強い感情が心拍と連動し始めます。たとえば、激高した父親が子どもを怒鳴った場合、意識に上ることといえば、息子を見て、自分の大声を聞いて、興奮し、心拍が高まることだけです。一方、子どもは、親の怒鳴り声や暴力的な動きから、ぶたれることを恐がり、呼吸を止め、心拍を上昇させ、恐怖を感じるだけです。こうした体験を数多く重ねると、恋愛ソングの歌詞を地で行くことに抵抗が生まれるようになります。

実際、胸の筋肉を慢性的に緊張させ、心に鎧を着せたようにして防衛することで、感情と心拍を連動させないようにしてしまっている人たちもたくさんいます。彼らはどこかよそよそしく、人から距離を置きます。文字通り、息を殺すように、(慢性の筋性防御により) 筋肉を緊張させることでずっと自分を守ってきたのです。たとえば、私たちの中にとても優しい感情が生まれると、体では、急激に酸素の供給が必要になります。しかし、すぐに呼吸をして酸素を供給しなければ、優しい感情もストップしてしまいます。

ひとたび、防御行動が学習されると、私たちは、痛みや屈辱、虐待などを避けるために、学習された方法を使うようになります。そして、何年も繰り返しているうちに、大人になる頃にはそれが無意識的な習慣になってしまいます。最終的に喜びと心拍が連動しなくなってしまうのです。

解決策の発見

１９９５年にあるクライエントとのセッションで好結果を残して以来、私は本章でご紹介するツールをプロトコール《公式》化し、それ以降も使ってきました。そのクライエントは、36年間カトリックの教会で修道女をしている方でした。彼女は、うつ状態で、太り過ぎで、かなり自己犠牲的なところがありました。実家の家族にも（近親姦を含めて）多くの問題があり、それが彼女が修道女になるきっかけにもなっていました。彼女の周りには、これまでどこにも、ポジティブで満足感を覚えるような体験ができるような環境は存在しませんでした。本章でご紹介する「ハートジョイ」というツールを行う前は、修道女会が彼女に与えてくれる安心感や慰めがどんなものか理解できなかったし、信じてもいなかったということを、後になって私に教えてくれました。

セッションの初めに、彼女は、教会で数年間にわたって受講していたプログラムを修了したことを報告してくれました。私がどんなお祝いをしたか尋ねると、彼女は、お祝いはしておらず、実際のところ、この話題を共有したのは唯一私だけであることを教えてくれました。結果として、そのときのセッションは、彼女にとって、自分自身について語る宗教的な体験となりました。「ハートジョイ」を行う以前には愛情を感じたことがなかったけれど、これからは、彼女自身が必要なときに繰り返し感じることができるだろうと力強く語ってくれました。

こうした素晴らしい結果を受けて、私は、このツールを「心に愛を宿らせるワーク」と呼んで、それ以降も他のクライエントとのセッションで使うようになりました。当時から少し仰々しいネーミングだと思ってはいましたが、最終的に「ハートジョイ」というネーミングの方が、好ましいということになりました。

私は、喜びの感情と心拍の感覚を繰り返し連合させることは、潜在的に健康面でも利益を生み出すであろうと考えています。今後多くの方々に長期的に協力していただき、コントロールグループとの比較を行う実験をしてみたいと思っています。実験グループはこのツールを1日10分間行い、コントロールグループは1日10分間ただ静かに座っているだけにします。おそらく、20年の間に、実験グループは（心臓発作発症率の減少、血圧の低下、動脈の問題に起因する疾病率の減少など）心臓の健康状態に関して良好な値を示していることでしょう。ただし現時点では、私にはそうした壮大な研究が行われるようになることを願うことしかできませんが。

２００８年の春に、アメリカの北西部で行われた大きな心理療法学会で講師をしたとき、ある参加者が、ハートジョイのプロセスが、ハートマス（HeartMath）という企業が行っているプログラムと似ていることを教えてくれました。[1] 偶然にも、その企業が学会が行われていたホテルの販売スペースに広報用のブースを構えていることが分かりました。さっそく彼らにコンタクトして、バイオフィードバック装置を見せてもらったのですが、彼らが非常に似通った研究を行っていたことに驚きました。私の理解が正しければ、彼らの実験結果には、「フリーズ・フレーム」と呼ばれるプロセスの終了後数分以内に、ストレスホルモンであるコルチゾールの値が低下し、免疫グロブリンAの生成が増加したという記述が見られたのです。みなさんも一度この企業を検索して、彼らの研究成果をご覧になってみるとよいかもしれません。

もし免疫活動の上昇とストレスホルモンの低下という実験結果が、私が「ハートジョイ」と名づけたツールの有効性を証明してくれるのであれば、これ以上喜ばしいことはありません。よい結果を期待するとして、まずは、このツールの手順をご説明しましょう。

[1] Childre, D. & Martin, H.（1999）. *The HeartMath Solution.* San Francisco: Harper.

◉――ハートジョイの手順

このツールには、3つのステップがありますが、それぞれのステップで、望む体験を取り出して、再体験するのに、正しい順番というものはありません。以下、クライエントと私にとって、もっとも簡単でスムーズだった順番をご紹介します。

ステップ1　まず、第4章で学んだ自己催眠法の中から、お好みのものを選んで、トランスに入ります。ただ心地よく座って、呼吸に注意を向けるのもよいでしょう。今までにあまり自己催眠の経験がなければ、ゆったりと穏やかに鼻から呼吸をしてみましょう。呼吸がゆったりとしてきたら、さらにもう何回か呼吸を続けます。そうして、心地よい呼吸の感覚を味わいながら、その感覚がはっきりと意識に上がってくるのを味わいます。

ステップ2

次に、第5章の「感謝のプレゼント」で取り上げた感謝の気持ちを思い出して、その感覚が体の奥深く染み渡るのを感じて、十分浸りきります。表情には笑みが浮かんでくるかもしれません。もし表情に笑みが浮かんでこなければ、何か別の記憶を使いましょう。過去の想い出の中にある、喜びを感じたときのこと、愛されていたときのこと、楽しかったときのことなど、そのときの感覚や感情がよみがえってくるようなものであれば何でも結構です。あるいは、第6章の「シンボリック・イメージャリー」で使ったものと同じ感覚を使っても構いません。

自分一人だけの体験でも、誰かと一緒にいたときの体験でも結構です。ただし同じプラスの体験でも、何かを競い合ったときのことよりもお互いに協力しあって何かを達成した体験の方がよいでしょう。もしこのステップが難しく感じられるようであれば、第3章の「チャンキング・ロジック」に戻って、日々の生活で使えるように練習しましょう。

心地よい呼吸の感覚と感謝の気持ち、(あるいは、愛や喜びといった感情)の両方に注意を向けます。そうして、もう何回か呼吸を重ねます。

ステップ3 リラックスして集中しながら、身体の脈動を感じていきます。首、足首、手首、そのほかどこでも構いません。そのリズムを手がかりにして、今度は、心拍に注意を向けます。心臓の鼓動が感じられたら、呼吸と感情、心拍のすべてに注意を向け3つの感覚を同時に体験します。それぞれの感情ごとに、何分かずつかけて味わっていきます。

オプションとして、次のステップがあります。心地よい呼吸、心拍、喜びの感覚や感謝の気持ちを1つずつ前景化させます。1つに焦点が当たると、他の2つが背景化されるといった要領です。1つひとつ順番に前景化させていきます。そうして5分から10分間、感覚の変化を味わいます。

このエクササイズでよい結果を得るには、ポジティブな感覚を生み出すためにどんな体験を選ぶかが重要です。私の経験では、パフォーマンスや競争ではない体験を選んだ方がよい結果を得ることができます。つまり、ここでは、マラソンに勝利して得られるポジティブな感覚は、美しい夕日に心を奪われたときに感じたポジティブな感覚ほど役に立ちません。おそらく、決定的な要因は、記憶がどのように副交感神経系を刺激するかということではないかと思います。競争は、アドレナリンの分泌を促すため、ここで目標としている穏やかさや落ち着きとは正反対の反応を引き起こしてしまうのです。

ひとたび、ゆったりとした呼吸を重ねて、そうしている間に何らかの気づきが生まれるようになってきたら、以前の体験と連動していた心を空の状態にすることができるようになります。こうした心の状態を目標にして、セルフトークやイメージをセッションの間に止めることができるように練習してみましょう。もし可能であれば、あらかじめ体験したいことを、エクササイズの最中に思い起こせるように準備しておくのもよいでしょう。こうすることで、1日10分間の練習を2回以上行いやすくなります。

8 セルフイメージ・シンキング[1]

自己像を更新する

「スヴェンガーリ・デック」という名前のトランプを使った、とても人気のあるカードマジックがあります。一見普通のトランプを聴衆に見せた後、聴衆の一人がそのトランプをシャッフルして、マジシャンに返します。マジシャンがカードをめくっていく最中に、聴衆が好きなところでストップをかけます。しかし、聴衆が何回シャッフルして

［1］ 本章で扱われている題材は、もともとLankton, S. & Lankton, C.（1983）*The Answers Within.* pp.325-331とLankton, S. & Lankton, C.（1989）. *Tales of Enchantment.* pp.216-257に収録されていたものです。

も、マジシャンがカードをめくっている最中どのタイミングでストップをかけても、次に出てくるカードは、**決まって**♣の8です。一旦♣の8が出ると、そのカードは毎回取り除かれます。初めのうちは、大して感動しないのですが……マジシャンが何度トランプをシャッフルしても、どこでストップをかけられても、次のカードはいつも同じカード——♣の8——が出てきます。何度♣の8を取り除いても、また♣の8が出てきます！　何回やっても結果は同じです。しかし、毎回、マジシャンがカードをめくっているときには、いろいろなカードが見えるのですが、どういうわけか♣の8ばかりが何回も取り除かれていきます。トランプは聴衆によって確認され、無作為にシャッフルされているにもかかわらず、何度もやっても（先ほど♣の8は取り除かれたにもかかわらず）また同じカードが出てくるのです。

このカードマジックには、人が何かを**記憶する**ときと同じ原理が働いています。私たちは答えを教えてもらうまで、ほとんどその共通性に気づくことはありませんが、そこには共通する原理が働いているのです。私たちの心は、物事を分類するとき、まず大きな記憶を頼りにします。したがって、もしマイナスの記憶が大きくて、プラスの記憶が小さければ、気分は落ち込み、成功するために必要なリソースが不足した状態になります。

実は、このカードマジックにもこれと同じ原理が働いています。トランプには52枚のカードがありますが、♣の8が2枚に1枚の割合で、計26枚入っているのです。残りの26枚はランダムに構成されていますが、トリックとなっているのは、♣の8に比べて、他のカードのサイズがわずかに大きくなっているところです。マジシャンが、カードを持って聴衆に見せるとき、小さいカード（♣の8）が普通サイズのカードより少し下に下がります。素早く行うため、聴衆には分かりません。めくって見せるカードは全部通常サイズのカードですから、もちろん♣の8は一度も出てきません。実際には、26枚あるのですが！

私たちの記憶も、これと同じようなものかもしれません。人生の半分はとてもマイナスで、もう半分はとてもプラスの体験になり得ます。おそらく、統計的に見てもそうでしょう。しかし、多くのプラスの体験をとるに足らないこととして捉え、数少ないマイナスの体験を重大なこととして捉えれば、人生を振り返ったとき、マイナスの体験ばかりを思い出すことになります。反対に、プラスの体験をとても意味深いものとして大きく捉え、マイナスの体験を重大なこととして捉えなければ、人生を振り返ったとき、私たちは、幸福感や自信を感じることができるでしょう。

大きな記憶は印象に残ります。これは、マイナスの記憶でもプラスの記憶でも変わりません。つまり、結果は私たちの捉え方しだいなのです。先ほども述べましたが、ほとんどの出来事はプラスにもマイナスにも捉えることができます。さらに詳しく分けると、いつでもプラスのLサイズ、マイナスのLサイズ、プラスのSサイズ、マイナスのSサイズの4通りの解釈をすることが可能です。この分類の仕方については、第3章のチャンキング・ロジックのところでも説明しましたので、お分かりの方も多いでしょう。私たちが日常遭遇する出来事をどのように捉えるかは、直接私たちのセルフイメージや目的の影響を受けます。つまり、私たちの行動意欲は、私たちのセルフイメージや目的によって駆り立てられているのです。

仕事や何か重要な出来事に直面したとき、私たちの心は、類似するその状況について持っている知識に基づいて、出来事を検索、分析します。そのスピードは電光石火の速さで、検索結果の一部（たとえば、仕事や出来事についての反応や感情など）は直ちに意識に上ります。ここで覚えておいていただきたいのは、記憶を通して出来事を処理するとき、私たちは、それがプラスの記憶であれマイナスの記憶であれ、大きな方を利用するということです。自分自身のことを強く、有能で、幸せで、ユーモアがあると思っているか、弱く、無力で、混乱していて、憂鬱で、孤独だと思っているか、どちらの体験の記憶であっても、大きな方が、自分が何者でどんな能力があるかを規定するのです。これがセルフイメージと呼ばれるものです。そうして、しっかり精査されることなく形成されたセルフイメージは、その後、意識下で作用することになります。

「セルフイメージ・シンキング」は、意図的に、首尾一貫したセルフイメージを作り、目標を正しい方向に定め、古く精査されないまま習慣化されたマイナスのセルフイメージと取り替えるためのツールです。たとえば、モナが落ち込んでいるとき、友達が彼女をパーティーに誘ってきたとしたらどうでしょう。モナは、パーティーに行ったときのことを推測して、自分が楽しめないことに「気づく」でしょう。おそらく、彼女は、パーティーを避けようと思うに違いありません。もし彼女がパーティーに行けば、また嫌な感情が蓄積され、パーティーを楽しめないという考えを強化することになります。たとえ、モナがパーティーに出かけて行ったとしても、彼女の予想通り、とうてい楽しむことなどできないでしょう。その結果、またもや、嫌な体験や感情を貯め込むことになります。こうした体験はすべて、――過去の体験が現時点でよりリアルなものになったように、いわゆる雪だるま効果によって――モナの将来においても再び参照されます。すなわち、現在の体験が未来を作るときの参照体験となるのです。

お分かりの通り、モナが抱える問題は、表面に見えるほど簡単ではありません。実際に起こっていることは、こんなところでしょう。モナがパーティーに行くか否かの選択を迫られたとき、彼女の心の中では、その瞬間、パーティーに関係する記憶が検索されます。そして、マイナスの体験が勝っていることに気づきます。そのときの感情は、彼女がいろいろなところで不幸で落ち込んでいたことを思い出させます。心の中にそうした感情を抱くと、彼女は、パーティーの場面を予測して、マイナスの体験とパーティーのイメージを連合させ（＝条件付け）ます。つまり、パーティーについて感じているほとんどのことを嫌な感情と結び付けてしまうのです。こうして、彼女は自分の未来を作り上げます。実際パーティーに行くと、「ほら見たことか」とばかりに、彼女の心は、予想通り自分の気分が悪くなるように、嫌な感情とパーティーに参加している人たちや関係する出来事を結び付けます。つまり、彼女は、初めから自分でパーティーを楽しまないことにしているということに「気づいて」いないのです。むしろ、無意識の間に、自分のセルフイメージと連合させることで、自ら不幸な時間を作り上げていたのです。

これは、うつ状態を繰り返している人たちが、日々行っているプロセスでもあります。

もし、こうした予測の最中に、異なった感情を使うことを学べば、うつ状態を変化させることができます。これは、人がどのようにしてうつ状態を持続させているかを知るのに、とても素晴らしいヒントを与えてくれますが、私たちもみな、多かれ少なかれ似たようなことを行っています。未来を予測する際、憂鬱なセルフイメージを使う人たちも多くいますし、興奮、喜び、孤独、不安、優しさ、勇気といった、さまざまな感情をセルフイメージと連合させて使っている人たちもいます。感情がどんなものであれ、まさにそれこそが、自らの未来での体験を作り出しているのです（予測できないような反応を引き起こすような思いがけない状況でもない限り）。

そこには、特定の体験を取り出して、心に留め、未来の状況で再体験することを心待ちにするという共通のプロセスが存在しています。しかし、ほとんどの場合、以前の体験をもとに作られたセルフイメージが、精査されないまま、意図的に選択されることなく、いわば最良の選択肢が不足した状態のままで使われているのです。

セルフイメージ・シンキングというツールは、こうした無意識の連合プロセスを意図的に利用することで、実際に役立つ新しい連合を作り、習慣化することを目的としています。このツールは、フェーズ1のセンター・セルフイメージの構築とフェーズ2の脚本リハーサルの2部から構成されています。学習しやすいように、まず始めに、具体的な手順をご説明します。ひとたび、手順を理解したら、使い勝手や時間の有無に応じて、手順の一部を簡略化して行うことも可能です。私はこのクイックバージョンのことを「マジックマーカー」と呼んでいますが、必要なとき短時間で行うことが可能です。

フェーズ1――センター・セルフイメージ(CSI)

フェーズ1では、望ましい気持ちや感覚を体験している自分自身を象徴するようなセルフイメージを創ります。イメージは、意識と無意識の智慧から得られるリソースの仲介をしてくれます。でき上がったセルフイメージは、フェーズ2の脚本リハーサルで使われます。

ステップ1

まず、センター・セルフイメージを創るにあたって、これまで体験したことの中からどんな気持ちや感覚をリソースとして再体験したいか決定します。

再体験するリソース感覚の数は、3つから6つあれば十分です。たとえば、自分自身が自信を持てたときのこと、俊敏に振る舞えたときのこと、優しく思いやりに溢れていたときのこと、人生を楽観できたときのことなどを選んでもよいでしょう。今取り上げた4つの体験は、下準備として用意するイメージですので、それぞれが関係しているものである必要はありませんが、近い将来行うことに役立つような体験があれば、そういったものを選ぶとよいでしょう。

ステップ2

次に、今回使うあなた自身の基本イメージを創ります。これは、はっきりしたイメージでなくても構いません。たとえおぼろげでも、あなた自身がそこに映っている感覚があればそれで結構です。イメージの詳細や鮮明さより、イメージ力を刺激することが大切です。よりリラックスすることができれば、イメージもより鮮明なものになります。そして、イメージが鮮明になればなるほど、イメージの修正や変更もやさしくなります。

ステップ3

次に、ステップ1で選んだリソースとなる気持ちや感覚を呼び起こしていきます。記憶を再現するときには、1つひとつ、そのときの状況や感覚を再体験しながら行います。ステップ1で、「自信」をリソースとして選んだのであれば、「自信」を感じられたときのことを思い起こします。それは、これから再び体験したい状況においてのものである必要はありません。

実際に、自信に溢れていたときの体験を思い起こす場合、そのときの状況は、これからその感覚を再び体験したい状況とは異なっている場合がほとんどでしょう。それが普通です。必要な記憶を特定したら、あなたにとっていよいよその感覚が本物に感じられるまで、その体験のあらゆる面をより臨場感溢れるものにしていきます。そのとき、あなたがどこにいて、気温は何度くらいで、誰と一緒にいたかといったことを思い出していきます。そして、周囲の香り、肌に触れる風の感覚、そのときの話し声のリズム、体の動きがどんな感じだったかを思い出していきます。視界にはどんなものが入っていたでしょうか？　たとえば、色。その体験をしている間に、どんな会話をして、どんな音に気づいたでしょうか？　こんなふうに、自分自身が以前の記憶の中の出来事に引き戻されてしまうくらいまで、体験を再び鮮明にしていきます。そのときの感覚が再び今よみがえったら、その感覚が体や顔にまで広がっていくのを許してあげます。そうしていると、やがて体の感じや表情にどんな変化が起こっているか気づくことができるでしょう。

顔や体に起こった微細な変化に気づいて、ポジティブな感情が感じられたら、ステップ2で創った自分自身のイメージに少しずつ修正を加えていきます（図8）。つまり、もし誰かがその映像を外から観ていたとすると、その人が映像の中のあなたが望ましい体験をしているなあ、と感じられるように、イメージを修正するのです。

たとえば、自信に満ちた感覚が感じられると、肩もリラックスして、目のまわりにも笑みが浮かんできます。それに気づいたら、イメージも同じように修正します。そう、自分自身の身体感覚を利用して、イメージを修正するのです。

同じように、リソースとなる記憶を1つずつ思い起こして行きます。そのときの感覚や感情がよみがえってくるまで、鮮明に思い起こします。そうして、イメージが浮かんだら、そのときの感覚や感情が引き起こされるようにイメージを修正します。ステップ1で選んだリソース感覚1つひとつについて、同じように行っていきます。イメージを修正して、ポジティブな気持ちや感覚がイメージの中に十分に反映さ

あなたの最初のイメージ

感覚や感情による臨場感のアップ

支えとなる人と一緒に

図８　センター・セルフイメージを創るには、まず、自分自身のイメージに望ましいリソース感覚となる視覚的特徴を加えます。そして、あなたを支え、見守ってくれるような人のイメージをセンター・セルフイメージに加えます。

れるようになったら、そのイメージを見ているだけで、そうした気持ちや感覚が自分自身の内側から感じられてくることに気づくでしょう。今見ているイメージも身体で味わっている感覚もステップ1で選んだリソース感覚やそれにまつわる体験から構成されているのです。

ステップ4

フェーズ1の最終ステップでは、リソース感覚と連動したセルフイメージに修正を加えます。イメージ上に誰かもう一人の人物に登場してもらい、その人物と触れ合っている場面をイメージします。ただし、あなたを見守り、支えとなってくれるような人物を選んで下さい。たとえば、親、子ども、友達、宗教指導者、あるいは、聖像であっても構いません。望ましい感覚を保ったまま、最初に創ったイメージにお互いのやりとりや動きを加えていきます。もう一人の人物を加えることで、いよいよ次のステップ――イメージを使った脚本リハーサル――を行う準備が整ったことになります。

フェーズ2――脚本リハーサル

脚本リハーサルの手順はとても簡単です。まず、センター・セルフイメージを創ります。そして、望ましい体験を映し出すセンター・セルフイメージを使って、自分自身の体にもその体験の望ましい感覚を保ちながら、イメージの背景を未来の状況であなたが理想的に振る舞っている場面へと変化させていきます。たとえば、先ほど4つのリソース感覚を選んだのであれば、今こうして座って、自分がイメージの中でその体験をしているところを思い描きながら、その感覚を味わいます。今一度、確認しておきますが、「**このプロセスを行うには、望ましい感覚を抱き続けていられることが必要不可欠です。**」望む身体感覚とあなた自身のイメージの両方を同時に体験できていることが重要です。

ステップ5　準備が整ったら、リソース感覚を体験したい未来の状況で、あなた自身が理想的に振る舞っているところをセンター・セルフイメージの背景に映し出していきます。およそ、図9のような感じになります。

たとえば、近い将来、スタッフ会議でプレゼンテーションをするという状況で、自信と活力に満ち溢れ、聴衆にも気を配りながら、楽観的に振る舞いたいとしましょう。フェーズ1では、リソース感覚を伴っているあなた自身のイメージを創造しました。そして、その感覚を実際に体験できるようにイメージを修正しました。今度は、望ましいリソース感覚を伴ったセルフイメージを使って、スタッフ会議の場面で振る舞っている自分自身を見られるようにしていきます。スタッフ会議で、イメージ上のあなたがリソース感覚を持ちながら行動しているところを眺めながら、実際、体にもその感覚がしっかりと感じられていることを確認します。リハーサル中のあなたを見ると、あなた自身が話しているのが聞こえます。リハーサルの間、スタッフ会議で、どんな人たちが見え、どんな音が聞こえ、どんなものに触れ、どんな感じがするかといったことにも気づくことができます。イメージすること1つひとつが、未来の場面で望む感覚や感情を

図９　センター・セルフイメージの背景から、リソース感覚を体験したい未来の状況であなたが理想的に振る舞っている姿が次第に浮かび上がってきます。

体験する引き金となるのです。そのイメージを、より克明で具体的に体験できればできるほど、意図するだけで、必要な状況でしっかりと望ましい感覚を体験することができるように、あなた自身の状態を調整することができるようになります。

もしかすると、この段階で1つだけ問題にぶつかるかもしれません。問題というのは、未来の状況で、自分が望んでいるようにあなた自身を見ることができないかもしれないということです。こうしたことは元々のイメージの中に必要となる体験をすべて入れておかないと起こります。1つ例をあげてみましょう。あるクライエントが、前夫と話をするとき、前夫が声を荒げることができなくなるくらいアサーティブ［自分の気持ちや意見を、相手も尊重した上で、誠実かつ率直に、対等な立場で伝えること。］に話ができるようになりたいのだが、到底そうなれるとは思えないということで、私のところに相談にやってきました。彼女は、センター・セルフイメージを創って、その中に必要な体験をたくさん入れました。そして、力強く自己主張できて、自分自身のことも大切にしているセンター・セルフイメージを創ってから、前夫が彼女の家を訪れている間に、警察を呼ぶという脚本のリハーサルを始めました。しかし、その場面をリハーサルしている間に、彼女は突如として、とても弱々しく見え始めたのです。私がその理由と、どうしてリソース感覚を持ち続けることをやめたのか尋ねると、彼女は「友達全員が自分の人生は完璧だと思っているので、真実を知られてしまうことがとても恥ずかしいのです」と答えました。

彼女は、前夫と対峙し、警察を呼ぶといった、積極的で勇敢な体験をするときに、とても大切なリソース感覚を1つ忘れていました。つまり、彼女には、家庭内の問題を知った後でさえ、友達が彼女のことを受け入れてくれるという感覚が必要だったのです。その時点で、私は彼女に脚本リハーサルをいったん中断してもらい、センター・セルフイメージを構築するステップに戻ってもらいました。彼女には、センター・セルフイメージの1つに友達から受け入れられている感覚が必要でした。ひとたび、そのイメージを加えて、警察を呼ぶ場面のリハーサルに戻ると、今度は終始思い通りの行動ができている感覚を体験することができました。

この例が示しているのは、必要な感覚がセンター・セルフイメージから抜けていなければ、脚本リハーサルはうまくいき、ポジティブな感覚を体験することができるということです。もし、望む体験が入った未来の脚本をリハーサルしている間に、望んでいるようなポジティブな感覚を持ち続けることが難しくなるようであれば、うまくいくためには、他にどんな感覚が必要か自分自身に問いかけてみましょう。もし他のリソースが必要な場合は、フェーズ1のステップ2とステップ3に戻れば大丈夫です。

もし望ましいリソース感覚を体験することができなかった場合はどうしたらよいでしょうか？　答えは、多くの場合、それほど難しくはありません。こういった場合に簡単に行える方法が2つあります。1つめは、望むリソース感覚を持っている人物を思い起こしてみることです。友人や同僚で、あなたが望んでいる気持ちや感覚を体現している人がいるかもしれません。その場合は、望む気持ちや感覚を体験しているとき、その人になったとしたらどんな感じがするかを想像して、そのときに得られる感覚を使うことで、センター・セルフイメージを創ることができます。たとえば、ある状況で友人が勇気を持って、自分の考えを主張していたら、私たちもその場面でその友人になりきっているイメージをすることができるのです。鮮明にイメージすることによって、友人がその状況で感じているであろう感覚や感情を自分の中に作り出すことができます。2つめの方法は、実際にリソース感覚を感じていたけれど、そのときには気づいていなかったということに気づくことです。よくある例としては、「安全」という感覚があります。たとえば、ほとんどすべての人が湯船に浸かったことや、プールで泳いだことがあると思います。もちろん、その体験は、「安全」なものです（私たちは、もし安全であると感じられなければ、長時間湯船に浸かったり、プールで泳ぐことなどしません）。しかし、そうした体験を実際に言語化することなく年齢を重ねてしまったため、安全な感覚を感じたことなどないと思い込んでしまっているのです。実際はそう感じていたのに、言語化しなかったため、その感覚を味わうことをしなかったのです。たとえ、そのとき言語化し損ねていたとしても、実際に探してみると、望ましい感覚を体験する機会があったかもしれません。

フルバージョンのまとめ

これまで、セルフイメージ・シンキングのフルバージョンについてご説明してきました。各ステップをまとめると以下のようになります。

フェーズ1――「センター・セルフイメージ（CSI）」を創造する

ステップ1 体験したいリソース感覚を選択する
ステップ2 自分自身の基本イメージを創る
ステップ3 記憶を鮮明にして望ましいリソース感覚を1つずつ取り出し体験する
ステップ4 基本イメージにリソース感覚を1つずつ加える（イメージにリソース感覚が反映されるように修正する）
ステップ5 支えとなってくれる人物を登場させ、相互のやりとりや動きを加える

フェーズ2——「脚本」を創り、演じる

ステップ1　CSIの背景から脚本のシナリオイメージをフェードインさせる
ステップ2　簡単な状況から難しい場面へと徐々にリハーサルしていく
ステップ3　自分の身体に望ましいリソース感覚を感じ続ける
ステップ4　CSIの中でも望ましいリソースを持ち続けている感覚を味わう
ステップ5　脚本のシナリオを最後まで演じる
ステップ6　他に必要なリソースがあれば加える
ステップ7　リハーサルの光景を観ながら言葉やナレーションを加える

　フルバージョンは、人生で何か大切な出来事があるときに行ってみることをお奨めします。これから事あるごとにセルフイメージ・シンキングを使っていくことで、自分自身で望む体験をプログラミングする能力が養われ、成果を実感することができるようになります。未来の望む状況で、望ましい感覚や感情が感じられるように繰り返しセルフ

イメージ・シンキングを練習することが大切です。

このツールを行うとき、必ずしもパフォーマンス重視の事柄を扱う必要はありません。たとえば、休日に家族で旅行に行くことでも結構です。うつ状態にある人たちは、よく落ち込むような体験を取り上げて、そのときの感覚や感情に浸りながら、未来の出来事を創造します。必然的に、未来の出来事を前にすると気分は悪くなります。

もし、何らかの理由で、気分が悪くなると決めてかかっている催しに参加するはめになれば、彼らの予言通りのことが起こることになります。もちろん、気分は良くありません。体験した気分の悪さは、彼らが正しく予測したものというよりは（むしろ、ここが大切なところなのですが）彼らが彼らの意思で彼ら自身にプログラミングしたものです。そのことに気づかず、気分の悪さを感じながら、未来の出来事を予測してプログラミングを行うことで、実際その事態に臨んだとき、自分で気分の悪い体験をするようにしているのです。気分が落ち込んだとき、未来の出来事の光景や聞こえてくる音、そのときの振る舞い方などを予測すれば、それは、実際に望ましくない感覚や感情を使ってセルフイメージ・シンキングを行っているようなものです。皮肉にも、彼らが信じられないほどの成功を収めているということは、意図的にセルフイメージ・シンキングを行うことの大切さと、望む感覚や感情を使ったセルフイメージ・シンキングを行うことの大切さを示すものであると言ってよいでしょう。うつ状態にある人たちが、いつも自分の気分が塞ぐように物事を考えることでしっかりとうつ状態になれるように、未来において望むリソース感覚や感情を体験することを考えていれば、実際に望ましい体験をすることができるのです。セルフイメージ・シンキングは練習すればするほど、望む感覚や感情が条件付けされる確率を高めることができます。至極簡単なことです。

クイックバージョン「マジックマーカー」

セルフイメージ・シンキングのクイックバージョンは、フルバージョンを行う際、補助的に用いることができます。ひとたび、望む未来の状況でフルバージョンを使えるようになったら、これからご紹介するクイックバージョンも使ってみるとよいでしょう。ここでご紹介するクイックバージョンは、1回1～2分以内で行うことが可能ですから、1日に何回も行うことができます。何か大切な出来事を前にして、すでにセルフイメージ・シンキングのフルバージョンを行ったとしましょう。普段から意識してチャンキング・ロジックを練習していると、とても心地よい感覚を引き寄せて感じることができているかもしれませんが、私は、このクイックバージョンのことを「マジックマーカー」と呼んでいます。たとえば、芝生を刈っている最中、刈り取られた芝の匂いを嗅ぐと、何の努力もしなくても、心地よい感覚を感じることができます。同じように、毎日の出来事を、チャンキング・ロジックを使ってプラスに体験し、そのたびごとに、その心地よい感覚を保ったまま、未来の脚本の中の自分自身をイメージするのです。つまり、セルフイメージ・シンキングのフルバージョンで行ったように、未来の状況でポジティブな感覚が感じられるように、あなたがあなた自身の心を向ける先を選択するのです。それはまるで「私は、未来の状況でもこんなに素晴らしい感じを味わっている」と自分で言っているようなものです。望む体験をイメージしたり、その感覚を味わっているとき、声に出して聴覚を刺激すると、さらに効果が高まります。五感を総動員して望む体験を味わうことで、感覚が強化され、より継続的に記憶することが可能になるのです。

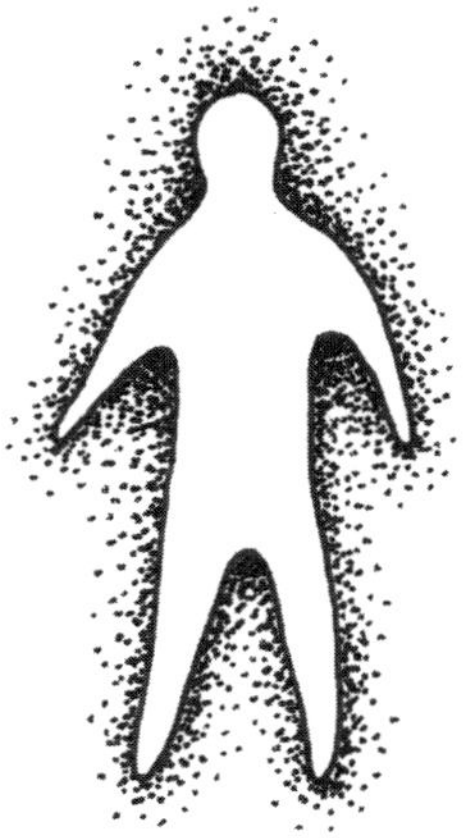

9 フューチャー・シェイピング[1]

輝く未来を形作る

本章で紹介する「フューチャー・シェイピング」は、私たちが未来で望む成功を収めるための前提を創るツールです。ある事柄を前提とするとき、それはすでに「現実である」か、これから「現実となる」ことです。一見、私たちが想像したことが、私たちの現実となるようにも思えますが、想像したことではなく、前提としたことが現実となる

[1] 本章で取り上げている題材は、もともと Lankton, S & Lankton, C.(1983). *The Answer Within*, p.331 と Lankton, S. & Lankton, C.(1989). *Tales of Enchantment*, p.209 で紹介されたものです。

のです。この2つは全く異なります。これから、その違いについて少し考えてみましょう。何かを**想像する**とき、私たちは、物事を論理的に結論づけたり、予測したりします。いわば、想像とは結論の妥当性を示す根拠をもとに作られた信念と言ってもよいでしょう。一方、**前提**というのは、いわゆる先行条件と呼ばれるもので、事前に想定されているものです。前提は、必ずしも事実や既存の根拠に基づく必要がありませんが、期待を抱かせたり、対象に向かって自分を牽引してくれる力を持っています。

もし、誰かが自分が負け犬であることを前提にすると、その人は、その前提と合致しない事態を無視しがちになります。仕事や収入面、人間関係で多くの成功を収めたとしても、そうした成功を「本当のこと」ではないと無視してしまいます。しかし、一度でも、失敗を経験すると、「ご名答！」とばかりに自分の筋書き通りの負け犬になるのです。このように、前提の持つ力は非常に強力ですが、普段はあまり意識することがありません。したがって、自分自身が持っている強力な前提を特定できるようになるには、とても鋭い洞察力が必要になります。誰でもたくさんの前提を持っていますが、その中には、自分のためになるものもあれば、健康や幸福の妨げとなるものもあるのです。

興味深いのは、私たちのほとんどが、自分のためになる前提をどのようにしたら創ることができるか知らないということです。しかし、私たちは意識的に望ましい前提を創ることができます。ひとたび、強力な前提が創られると、意識的な努力をたくさんするしないにかかわらず、人生や毎日の出来事の捉え方に影響を与え続けます。「フューチャー・シェイピング」を使って、どのように前提を創るかによって、私たちの未来は大きく影響されるのです。

「フューチャー・シェイピング」を使うことで、自らが望む成功を実現するために必要な豊かな感情とプラスの前提を意図的に創ることができます。これまでの臨床経験からも一個人としての経験からも、このツールの信頼性と、無意識レベルでの持続性（長く無意識に働きかけてくれるものであること）を強く感じています。

方　法

このツールを使いこなすにあたって大切なことは、実際に「経験する」ことです。「経験する」とは、就職面接など（例「私はセールスの経験があります」）で使われるような意味ではありません。視覚的、聴覚的、嗅覚的、思考的、信条的、そして情動的な体験として「**経験された**」ものという意味です。そして、それには一定の方法があります。

まず、あなたが理想的な未来を体験しているところを想像し、それを可能な限りリアルに感じられるようにします。そうして、そこに至るまでの道のりを振り返ります。イメージとしては、図10のようになります。

ステップ1

まず、呼吸に注意を向けて、くつろぎを感じます。あるいは、お好みの自己催眠の技法を使ってトランスに入るのもよいでしょう。

図 10　自分自身を未来の状況（たとえば 2020 年）に置きます。そして、そこから現在（たとえば 2015 年）を振り返ります。そこから今あなたがいる未来までどのような道のりを歩んできたか振り返ります。

ステップ2 未来のある時点で、あなたの望みがすべてかなって、目標としてきたことがすべて達成されたときのことを想像します。目標は、仕事、人間関係、家族との生活、お金、個人的なことなどで結構です。たとえば、5年以内に楽しめる仕事に就いて、愛する人や支えてくれる友人に恵まれ、健康に暮らしている――といったものでもよいでしょう。もし、現在2015年であれば、5年後の2020年に暮らしているあなたのことを想像します。

ステップ3 トランスに入り、集中力が高まった状態で、未来にあなたがいる光景を、今、想像し始めます。「今から、時制を現在形にしてお話しします」――結局のところ、今、私たちがいる時間というのは、以前は未来だったのです。実り多い未来をうまく想像するには、まず、仕事であれ、人間関係や友人関係であれ、目標を達成して、身も心も満たされた素晴らしい感覚を味わっていることが大切です。

この点が、きわめて重要です。成功に至るまでの数年間の歩みを振り返ったとき、沸き上がる感覚や感情を、自らの体で再体験することが何より大切なのです。そうして、成功体験から浮かび上がってくる喜びを感じていると、呼吸も変化して、顔には笑みが浮かんでいることにも気づくことができるかもしれません。そうした感覚を広げて、体一杯に満たしていきます。そうしていると、当初達成しようとしていた目標を本当に達成できたことが自分自身で分かります。そうして、それを成し遂げた自分を讃えます。まだ体のどこかに微かに緊張しているところがあれば、気づきをその部分に向けることで、残っていた緊張が解けていくのを感じることができます。今、喜びを感じているなら、その喜びが、緊張を洗い流していくのを感じます。そうしている間も、成功を収めている自分自身を感じています。目標を達成した喜びを十分に味わったら(十分に味わった後)、次のステップに進みます。

ステップ4 成功した喜びを味わいながら、そこへと至った道のりがどのようにして始まったか、数年前を振り返ります。今未来にいる心地よい感覚を抱きながら、あなたをこの場所へと導いてくれた大きな出来事を6つくらい思い起こしてみます。振り返って「過去」の出来事を思い起こしながら、いくつか質問をして、その答えをイメージしていきます。ここに至るまでにどんな犠牲を払ってきましたか？　どんな人たちやものとの付き合いをやめましたか？　どんな人たちやものを愛しましたか？　賢明だったと思える行動はどんなものでしたか？　誤りだったと思える行動はどんなものでしたか？　大きなリスクがあったなら、それはどんなものでしたか？　どんな人たちから助けを得ることができましたか？　自分一人でできたことはどんなことでしたか？

質問を1つひとつ自分自身に問いかけ、それぞれについて「過去」にあなたがとった行動をイメージしながら答えを丁寧に探っていきます。質問の答えについて思いを巡らしたり、答えを「思い出す」とき、ポジティブな感覚を感じながら、そうした体験と共にそのときの感覚が浮かび上がってくるようにします。このステップには何分か時間をかけますが、具体的に描ければ描けるほど、より詳細に成功したときの感覚を実感することができますから、さらによい結果を得ることができます。

ステップ5

そうして、心を安めて、無の状態を感じます。椅子に腰掛けて、呼吸に注意を向け、今ここにいる感覚を味わいます。未来で起こったことについて、これ以上想いを膨らませるのはこれくらいにして、目を開けて、この部屋に戻ってきます。

さて、次のステップですが、それは、あなた自身についてです。これまであなたの未来の行動に影響を与える前提を創ってきました。繰り返し行うことで、効果を高めていくことができますから、各ステップで体験した行動を思い起こしたとき、意識しなくてもポジティブな感情が起こってくるようになります。ステップ4で過去を振り返ったとき、努力や勇気、報酬といった感情が、それまでの恐怖や心配、不安といった感情ととって代わり、成功を味わっているポジティブな感覚を引き起こしてくれるでしょう。

目標や仕事の大小にかかわらず、これから未来で遭遇する大切な出来事にこのツールを使ってみましょう。ステップ4を行っているとき、どれほど多くのことをあなた自身から学ぶことができるか、そして、目標の達成に向けて努力しているとき、このツールがどれだけポジティブな感覚や感情を体験するのに役立つか、その可能性には限りがありません。シンボリック・イメージャリー（第6章）やセルフイメージ・シンキング（第8章）と併せて行ってみるのもよいでしょう。

シンボリック・イメージャリーを行うとき、自分が望むリソース感覚を過去の体験から取り出して、その感覚を、今、リアルに（再）体験します。セルフイメージ・シンキングを行うとき、望む感覚や感情を現在の体験から選んで、それを未来で体験します。さらに「フューチャー・シェイピング」を行うことで、自分が望むとき、いつでも、未来でプラスの体験をしている場面を創造し、その感覚を現在に持って帰ってくることが可能になります。このように、私たちは自分の心を使って、過去から現在、現在から未来、そして未来から現在へと、時空を自由に駆け抜けながら自らが望む体験を引き起こすことができるのです。こういったツールは他にはあまり見当たりません。しっかり練習をした人にとっては、大変価値のあるツールとなることでしょう。

10 自己養育法

自分の親になって、自分を育てる

子どもの頃の養育環境は、意図的に変えない限り、大人になってからも生涯、自分自身に対する接し方に反映されます（本章では、「養育者」のことを、「親」と呼ぶことにします）。他人とかかわるとき、私たちは、親と話すときと同じように、あるいは、親が自分に接したときのようにかかわります。たとえ子どもの頃、明らかにひどい扱いを受けたとしても、多くの場合は、そうした体験を振り返りながら、かかわり方を修正していきます。そして、仕事や学校、交友関係などの社会的な状況では、後々身につけた振る舞い方で人と接するようになります。仕事や学校といった公的な場で、社会的なルールによって普段の振る舞い方が制限されますが、そういった制約がない状況では、通常の振る舞い方が現れます。特にストレスレベルが高い状況においては、その傾向が高まります。

もし、子どもが、親から行いの一挙手一投足を批判され、修正されるような家庭で育った場合、子どもの心は、家庭環境の規範に合うように、物事を考え、期待し、振る舞うように訓練されることになります。そして、実家以外でしつけをされる機会もなく、自分の養育環境についてじっくり考える機会もないまま大人になり、独り立ちしてからもそれまでと同じように振る舞い続けます。その結果、他者からの援助を受けることに躊躇ったり、拒んだりするようになります。つまり、他者からの援助を受けることをよしとしないのです。自分が親になり子どもを持つと、自分の子どもに対しては、批判的に細部にわたって管理しながらしつけをします。ときには、自ら感情を抑え、普通の人なら見せるような弱ささえ見せずに厳しく子どもをしつけます。やがて、その代償は、個人の生活だけでなく人間関係においても現れ始めます。自分自身が悩むだけでなく（そのことに気づかないようになっている場合もありますが）親密な人たちとの関係も悪化していくのです。ほとんどの場合、夫婦の絆は脆弱で、子どもとの関係も表面的で乱暴なものになります。

もちろん、すべての家族がこうした例のようでないにしても、思い当たるところも多いはずです。つまり、家族内での関わり合いのスタイルは、それがどんなものであれ、個人に内在化され、それが未来で人と関わり合うときの「参照地図」となるのです。先ほどの例では、どんな場合も、自分の行動や感情が無視され、否定され、罰せられ、抑圧されてしまいます。場合によっては、関わり合いのスタイルが状況とうまくマッチして、社交上手で、分別のある人といった印象を与えることもありますが、多くの場合には、行動面だけでなく、感覚や感情面においても、悲惨な体験をすることになります。

たとえば、幼い女の子が、興奮して母親のところに駆け寄って行っても、母親が軽いうつ状態で、繰り返し無視されるような体験をすると、子どもは喜びや感動を表に出すことをやめてしまいます。子どもは、親を喜ばせようとしたり、不機嫌になったり深刻に振る舞ったりと、他の感情や行動を（ときに感覚でさえも）代わりに使うようになります。後々の人生で、感動や喜びといった感情は、周囲の人からほとんど気づかれることがないかもしれません。重要なのは、感動や喜びといった自然な感情を人生の大半で抑圧してきた人たちが被る代償とはどんなものかということです。他にも、恐怖、冒険心、親密さ、悲しみ、怒り、優しさ、他人へ関心を抑圧する場合にも同様の原理が働きます。本来の反応の代わりに人それぞれの方法で置き換えを行うのです。

生涯を通して支払うことになる抑圧への代償とは、いったいどれほどのものでしょうか？　世界中の救助者、犠牲者、迫害者［交流分析家カープマンの「ドラマの三角形」の3つの要素。この役割で進行するやりとりは必ず不快なものに終わる。］と呼ばれる人たちをご覧になればお分かりになるでしょう。決して日の目を見ることのない深い闇の部分の必要性を満たそうと努力する中で（決して満足することのないまま）そうした役割を担うようになるのです。誰しも、程度の差こそあれ、感情のエネルギーを体験したことがあるはずです。中にはとても激しく、症状としてはっきりと表れるものもあります（たとえば、強迫行動、うつ、ＤＶ、不安発作、幼児虐待、などといったものです）。代替行動がそれほどひどくない場合は「正常、健常」であると見なされますが、日常でもそういった人たちを多く見かけます（たとえば、知ったかぶり、いじめっ子、ご機嫌取り、浮気者、自己中、殉教者、おせっかいやき、傍観者、仕事中毒などです）。診断名こそつかないものの、問題の根底にあるものはよく似ているのです。

実のところ、子どもの頃の実体験を通して学んだものを、変えることはさほど難しくありません。と言うのは、習得されたことのほとんどが、自らのためにならないようにチャンキング・ロジックを使うことで、作られたものだからです。それまで批判的で無関心な親のもとで暮らしてきた場合、たいてい、自分自身や出来事を否定的に捉え、それがその人たちの世界を作ってしまいます。その結果、彼らは、自分が行うことは求められた基準に達しなくて当然だと思うようになってしまうのです。

自己変容を起こす上で大切なことは、染みついた悪癖を変化させるだけでなく、そうした変化を（まさに、現在の悪癖の場合にやっていたのと同じように）自動的に無意識に行うことができるようにすることです。

これからご紹介するエクササイズが初めてなら、終わった後、短期間ですが、気分が晴れたり、安堵したりするかもしれません。しかし、その状態は、すぐに——数分のうちに——消え去ります。なぜでしょうか？　その答えは、私たちが何年もの間、マイナスの自己養育法を学習し練習し続けてきたことにあります。数えきれないほどの年月を費やして、絶望や批判によって自らを動機づけてきたのです。私たちは、膨大な数のマイナスの体験を集め、多くのポジティブな感情を先へ先へと追いやってきました。そして、そうした状態を無意識のうちに保ってきたのです。長年にわたって自分に強制してきた悪癖を変化させるには、数分間の練習では足りません！　効果的に変化を引き起こすには、これからご紹介するエクササイズを毎日繰り返し練習する**必要**があります（必要に応じて、創造的にアレンジを加えながら）。毎日の練習を、あなた自身の心の癖をプログラミングし直すための新たな趣味の始まりと捉えましょう。

（もし自覚していなければ）まず初めに、自分がどれほどマイナスのセルフトークを行っているか気づくことが役に立つかもしれません。意識に上っていない批判を自覚するには、これからご紹介するエクササイズを行ってみるのが一番よいでしょう。ただし、このエクササイズは、あなたの現在の状況について気づきを高めることだけを目的としたものだということを覚えておいてください。

マイナスのセルフトークに気づく

1 心地よく座って、徐々にリラックス感の広がりを感じながら、お好みの自己催眠法を使ってトランスに入ります。そうして、これまでに学んだツールを使ってプラスの体験を取り出します。準備が整ったら、目を閉じて、自分自身を30

センチから40センチ前方にイメージします。

2

前方に映し出された自分を見つめながら、これから3つのことを順番に行っていきます。

A・思いやりに溢れ、愛情深く、支えとなるような受容的な言葉をあなた自身にかけます（何か参考になるものが必要であれば、後のページに出てくる自分自身を見守り応援するステートメントのリストをご覧下さい）。

B・次に（Aで感じた心地よい感覚を感じながら）批判的で、否定的な言葉を映し出されているあなた自身に投げかけます。2、3分間行ってみましょう。

C・今度は、映し出されているご自分のイメージはそのままで、Aで行ったのと同じように、もう一度、思いやりに溢れ、愛情深い、支えとなるような受容的な言葉を贈ります。これも少なくとも1、2分間続けます。

実際に体験してみると、（プラスの言葉を見つけてかけ続けるのと比べて）マイナスの言葉を見つけてかけ続ける方が簡単であることにお気づきになったのではないでしょうか。自分自身のセルフトークについても、これまでマイナスの言葉の方がプラスの言葉よりもどれくらい多く使われていたかよく理解できるようになります。しかし、問題に焦点をあてた動機づけというのは、健全でありませんし楽しくありません。また、創造力や生産性を減少させ、健康や親密な人間関係にもよい影響を与えることはありません。

自分を見守り、応援するシンプルステートメント

よく自分を成長させたければ、自分自身を褒めろと言われます（図11）。しかし、皮肉なことに、自画自賛するという行為は、軽蔑的な意味で捉えられがちです。「あまり得意になるな」「わざわざ自慢するな」という意味で「君は単に自画自賛しているだけだ」という言葉を聞いたことがあるでしょう。

図 11　自分育て

褒められることなく批判ばかりされて育った子どもは、親から心地よく愛のこもった言葉をかけてほしいなどとは考えなくなります。不用意に浴びせられる心ない言葉は、本来ならば普通の子どもとして育っていたところに不当な仕打ちがなされるようなものです。私は、子どもたちが自分自身を褒められるようになれるような、よき理解者でありたいと思っています。また、3人の素晴らしく出来のよい子どもたちの父親としても、こうした言葉のやり取りが子どもたちに有害な結果を招かないという確証を持つに至りました。

一方で、親子間でプラスになる言葉のやりとりなどほとんどしたこともなく、実際何をどう言ったらいいのかも分からないという人たちともお会いしたことがあります。

これからご紹介する言葉は、あなたが進むべき正しい方向へとあなた自身を導いてくれるでしょう。実際には、人それぞれ、状況に応じて、さまざまな言葉が必要であることを覚えておいて下さい。もっともしっくりとくる言葉を発するには、自分の気持ちゃ感情の深い部分をしっかりと観察することが必要です。

私はあなたを誇りに思います。
あなたは素晴らしい子です。
あなたはすごいことをやっています。
あなたは頑張っています。
感情を出してもいいのです。
あなたは賢い。
わかっていますよ。
あなたならできる。
たくさんのことを学んできました。
愛しています。
あなたのためにここにいます。
一人にはしません。

私が助けます。
自分のできることをすればそれでいい。
あなたは美しい。
あなたが好きです。
一緒にいるととても楽しいです。

自分育てのスパイラル《螺旋》

「自分育てのスパイラル」は、マイナスのセルフトークや、自己批判的な発言、そして、物事を決めつけるような発言から自由な心の状態を創ります。さらに、ストレスを軽減し、憂鬱を消し去り、満足と幸福を手に入れられるように自分の支えとなるような言葉を発するためのツールです。毎日定期的に行うことで、新しい体験やセルフトークが条件づけられ、それまでの批判的で投げやりだった親子間での言葉掛けや依存的な習慣を書き換えることができます。そのときには、すでに、成熟した思慮深い思いを持って、あなた自身の成長を支援することができるようになっていることでしょう。

自分育てのスパイラル――エクササイズ

ステップ1 あなたのことを受け入れ、支えとなり、成長を見守る助けとなるような言葉をいくつか選びます。

ステップ2 心地よく腰掛けて、呼吸に注意を向けるか、自己催眠を使ってトランスに入ります。

ステップ3 そうして、あなたの背後に二人の人物を想像します。一人をあなたの左側に、もう一人をあなたの右側に想像します。

ステップ4 そうして、その二人がステップ1で選んだ言葉を順番にあなたに掛けているところを想像します。その声を聞きながら、語りかける声の大きさやトーンが心地よく自信を与えてくれるように調節していきます。それを続けながら、3回か4回呼吸をします。そうして、先ほど選んだ言葉がすべて終わるまで続けていきます。もし途中で、他にも役に立ちそうな言葉が浮かんできたら、いつでも加えて構いません。

ステップ5 今度は、その声があなたの前と後ろから聞こえるように、声の方向をシフトさせます。

ステップ6 そうして、今度は、先ほど右から聞こえてきた声が左から、左から聞こえてきた声が右から聞こえてくるように、さらにシフトさせます。

ステップ7 そうして、もう一度シフトさせて、もともとの位置に戻します。

ステップ8 次に、その声をあなたが受けとれるようにしながら回転させていきます。まるで360度すべての方向から声が聞こえてくるように回転させていきます。何回か呼吸をしながら、続けます。

ステップ9 そうして、旋回している声を頭上40センチから50センチのところまで上げていきます。その間も、その声はあなたの周りで回転し続けています。

ステップ10 そうして、旋回している声を耳のあたりまで降ろします。それから、肩、腰、膝、足首、最後に、足下まで降ろしていきます。それぞれの高さのポイントで、声が完全に一回りしてから、また次のポイントに降りて行くようにします。

ステップ11 今度は、先ほどと逆の順番で下から上に向かって上がっていきます。

今回は、次の段階に上がるときに、それぞれのポイントに声が残っていくのを想像します。足下の周りで始まる旋回が、足首に上がっても足下で続いているのです。膝まで上がっても、足下と足首で続いています。足下、足首、膝の周りで声が旋回しながら、今度は腰の周りでも旋回しているところを想像します。同じように、(足下、足首、膝、腰、胸、肩、耳、そして頭上まで、すべてのポイントで同時に旋回するまで）このプロセスを繰り返していきます。この時点で、あなたの周りを旋回する声は、螺旋状のチューブのように旋回し、あなたを受け入れ、支えとなり、あなたの成長を見守ってくれる言葉があらゆるレベルのあらゆる方向から注がれ、あなたの体に向かって入ってきます。

ステップ12

そうして、5回か6回呼吸を重ねながら、自らの成長を見守る声が循環しているのを感じます。自分自身のポジティブな反応にも気づくことができると、さらに、その感覚は広がっていきます。広がっていく体験にできる限り深く浸って、その感覚を味わいます。

ステップ13

最後に、旋回している声の螺旋が頭上高く上昇していくところを想像します。大空へと上昇し、やがて視界から消えていきます。その螺旋が一番下から遥か彼方へと消え去った後も、その感覚や感情はあなたの中に留まっています。

II チャクラ・バランシング

身体エネルギーのバランスをとる

本章では、身体的な気づきを深める方法についてお話しします。身体は、潜在意識や無意識を構成する上で重要な役割を担っていますが、普段私たちは、身体からの情報にほとんど気づくことなく生活しています。身体は、感覚の大部分を構成するため、身体からの情報に無頓着であると、あなた自身の感覚に対する気づきも鈍くなります。だからといって自分自身の**感情**にすら気づかなくなっているわけではありません――もちろん、ときにそういうこともあり得ますが。身体反応に無頓着になっていると、本来気づくべき**感覚**に気づかなくなります。その結果、他者とのコミュニケーションも、表面的で支配的なものになってしまうことがあります。

ここで、新しいツールの概要をお話しする前に、遥か昔から存在するチャクラというシステムの概念についてお話ししたいと思います。まず、身体にチャクラが存在するというのは、ヒンズー教の考え方ですが、これに関しては、実質的な検証が行われたり、科学的な証拠が提示されてきたわけではありません。それでも、今回、特に身体の体幹部に注意を向けていただきたいのは、身体感覚として存在するチャクラを無視することは誤りだと思うからです。チャクラという概念に全くなじみのない方のためにご説明すると、まず身体には7つのエネルギー中枢があると言われています（図12参照）。それぞれ、脊髄の根元（①第1チャクラ）、へそのすぐ下の部分（②第2チャクラ）、みぞおち（③第3チャクラ）、心臓（④第4チャクラ）、喉（⑤第5チャクラ）、眉間（⑥第6チャクラ）、頭頂（⑦第7チャクラ）にあたります。お分かりの通り、こうした東洋哲学のエネルギー中枢は、仙骨神経叢（第1チャクラ）、下腹動脈神経叢（第2チャクラ）、

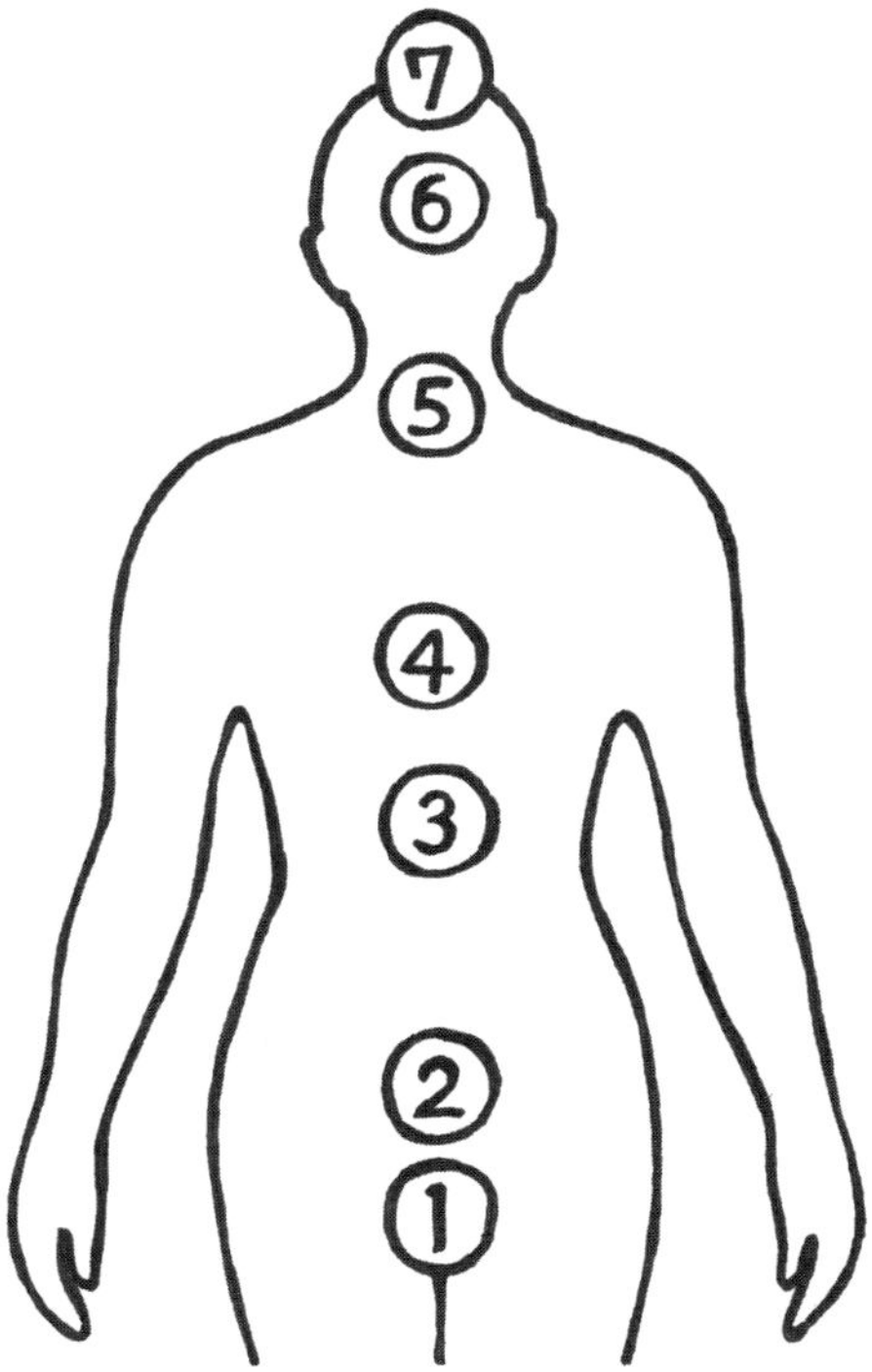

図 12　標準的なチャクラの位置

	位置（触覚）	色（視覚）	音階（聴覚）
①第 1 チャクラ	脊髄の根元	赤	ド
②第 2 チャクラ	へそのすぐ下	オレンジ	レ
③第 3 チャクラ	みぞおち	黄	ミ
④第 4 チャクラ	心臓	緑	ファ
⑤第 5 チャクラ	喉	青	ソ
⑥第 6 チャクラ	眉間の上	藍	ラ
⑦第 7 チャクラ	頭頂	紫	シ

太陽神経叢（第3チャクラ）として知られる副交感神経節、心臓（第4チャクラ）、咽頭神経叢（第5チャクラ）と、大まかに西洋医学の交感神経節と対応しています。また、サードアイ（眉間の第三の眼と）呼ばれる部分は、松果腺（第6チャクラ）と、頭頂はクラウンチャクラと呼ばれ、頭蓋骨のてっぺんの柔らかい部分（第7チャクラ）と対応しています。

図12は、標準的な7つのチャクラの位置を表しています［一般的に色と音階がセットで記述される。下から順に、①赤（ド）、②オレンジ（レ）、③黄（ミ）、④緑（ファ）、⑤青（ソ）、⑥藍（ラ）、⑦紫（シ）。］。これからご紹介するツールには、主に第2チャクラから第6チャクラまでの位置が関係します。

身体を解剖せず、内観することでチャクラの位置を感じることができるなら、とても素晴らしいことです。しかし本章では、いわゆる、特別で微細なエネルギーを発するポイントとして、チャクラを重要視しているわけではありません。身体のバランスをとるためにチャクラを使うことで、注意を向けるポイントを明確にすることが目的なのです。

生体エネルギーという概念は、１９３０年代にウイルヘルム・ライヒ[1]によって紹介されて以来、心理学の分野でも知られるようになりました。それ以降、多くの研究者によって研究が続けられ、改良され今日に至っています。現在知られている最も著名な提唱者は、医師のアレクサンダー・ローエン[2]です。しかし、体中にエネルギーが流れているという考え方の源は、経絡という考え方を採用した中医学にまで遡ります。経絡の存在に関しては未だ十分な実証研究が行われているわけではありませんが、スタンフォード大学のウィリアム・ティラー博士[3]が、皮膚上の経絡とそうでない部分では電気抵抗の値が異なるという報告をしています。いずれにせよ、これからご紹介するツールは、私たちが身体エネルギーの流れに変化を与えることができるという考え方を利用しています。

心理学的な観点から見たこのツールの目的は、智慧の総体としての身体にコンタクト

[1]　Reich, W. (1945). *Character Analysis*. 3rd Edition. Simon and Shuster.
[2]　Lowen, A. (1975). *Bioenergetics*. New York: Coward, McCann, and Geoghegan, Inc.（菅靖彦・国永史子訳『バイオエナジェティックス』春秋社 1994）
[3]　Tiller, W. (1997). *Science and Human Transformation*. Parvior Publishing.

できるようになることです。つまり、思考と身体を統合することが目標となります。あなた自身の身体感覚にコンタクトできるようになることを目標にしていただいても結構です。ただし、あくまで「身体感覚にコンタクトする」のであって、「感情にコンタクトする」わけではありません。感覚というは本能的な身体反応をもとに作られます。いわゆる犠牲者、救助者、迫害者といった人たちの場合、往々にして身体感覚が失われてしまっていることが多いようです。

身体エネルギーのバランスをとるエクササイズ

ステップ1 心地のよい姿勢で座ります。そうして、呼吸に気づきを向けるか、お好みの自己催眠の手法を使ってトランスに入ります。

ステップ2 手のひらと足の裏に注意を向けて、その部分の感覚が高まってくるのを感じます。そうして、3、4回呼吸をした後、手のひらと足の裏からエネルギーが流れ込んでくるところを想像して、本当にそうであるかのように感じてみます――大地からのエネルギーが足の裏を通って、天空からのエネルギーが手のひらを通って流れ込んでくるのを感じます。何回か呼吸をしながら、その感覚が広がっていくのを感じます。

ステップ3　手のひらから入ってきたエネルギーが腕を通って、足の裏から入ってきたエネルギーが足を通って上がってくるところを想像します。腕や足がエネルギーの通り道になっていて、そこをエネルギーが通って体幹に流れていくかのように感じてみます。何回か呼吸を重ねながら、イメージの中で、その感覚がリアルになっていく感じを味わいます。

ステップ4　今度は、体幹部に手のひらと足の裏から入ってきたエネルギーが出て行く場所が4カ所あることを想像します――腹部（②）、太陽神経叢

（③）、心臓（④）、喉（⑤）のチャクラのあたりです。そうして、それぞれのチャクラから前方と後方に伸びているメガフォンを通して、エネルギーが放出されるところを想像します。エネルギーがあなたの前方と後方に放出されていくようにイメージするとよいでしょう。

ステップ5 そうして何回か呼吸を続けながら、イメージの広がりとともに、その感覚が深まっていくのを感じます。

ステップ6 できれば、これまでの４つのチャクラに加えて、サードアイ（眉間にある第三の眼）チャクラ（⑥）も加えます。

ステップ7 この（天地のエネルギーが手のひらと足の裏から流れ込んできて、腕と足を通って第2～第6チャクラから放出される）イメージ体験を数分間続けます。

ステップ8

そうしながら、セルフイメージ・シンキングを使って、未来の望む状況で、バランスがとれた身体感覚を味わっている自分自身を体験してみるのもよいでしょう。

このツールを、熟達するまで練習することが大切です。そうすることで、必要な場面で、いつでも簡単に使うことができるようになります。身体への気づきが高まり、周囲の人たちに与える印象が強く、よいものになります。しっかりと地に足をつけて語りかけることで、あなたの誠実さや思いが伝わり、望ましい印象を与えられる可能性も高まっていきます。

このツールの実証性について科学的根拠やデータを持っているわけではありませんが、リフレクソロジー（反射療法）は、中国で生まれて以来五千年の歴史があるとされています。道教の流れを汲んでいるという説もありますが、インカ帝国や古代中国で行われていたものが起源であるという説もあります。また、手のひらと足の裏は、さまざまな身体器官に作用するエネルギーの通り道であるとも言われています。しかし、ここでは、その実証性を証明することより、昔からの「智慧」を利用して、想像力を豊かにすることに関心があるのです。もし、それが錯覚や幻想であったとしても、私たちの智慧として実際に存在して併用してきたのですし、このツールを使うことで、あなた自身の思いを実現するのに役立つグラウンディング《地に足のついた》感覚と身体的な気づきを増すこともできます。これによって、チャクラシステムという考え方が科学的に証明されるわけではありませんが、事実、何世紀もの間使われてきたのですから、私たちが望む目標を達成するのに役立つツールであることに間違いはないでしょう。どんな現代科学においてもそうですが、これまでご紹介してきたツール同様、仮説が実証可能であるか否かということより、どれだけ私たちの目的に役に立つかということが大切なのではないでしょうか。

12 私たちの責任と可能性

これまで「願いをかなえるツール」を使って、意識的に、心や身体、人間関係をよりよいものにするための方法を学んできました。クライエントや学生、子どもたちに教えたり、共に実践しやすいように、どのツールも一連のステップを踏んで練習できるように構成しました。プロトコールと呼んできたものです。各章のプロトコールを行うときには、意図的に必要な体験を取り出してもらいますが、本章では、その仕上げのステップにあたる部分についてお話しします。まず、プロトコールを一通り終えたら、それについてすべて忘れるようにします。そう言われると、一瞬奇妙に思われるかもしれません。意識的に何かを望むことは確かに必要ですが、それだけでは不十分で、望んだものを現実世界で使えるような形で生み出すことはできません。私たちの意識による理解は、大雑把なものでしかないからです。したがって、本書のツールを使って行ったワークは、最終的に、意識でコントロールしようとせず、無意識に任せるようにします。そうすることで、あなたの無意識が正しい方向へとあなたを導いてくれます。コントロールすることをやめて、あとは、人生全体をよりよく理解しているもの、つまり無意識の働きに起こるがままに任せるのです。

責任

心理療法家であれば、どんなクライエントにも、彼らの人生や望んでいる変化に対して自分自身で責任を持てるようになって欲しいと願っているものです。また、たいていの場合、クライエントにどんなツールをどのように提供したらよいかについても理解しています。しかし、実際にクライエントから発せられる言葉といえば、「もう一度、夫／妻に私のことを信頼させて欲しい」「子どもを学校でうまくやっていけるようにしてもらいたい」「催眠を使って過食を止めて欲しい」「うつ状態を治して欲しい」「パニックにならないにはどうしたらよいか教えて欲しい」「結婚生活を修復して欲しい」「双極性障害の息子を助けてもらいたい」というように、とても他力本願的でがっかりするものばかりです。こうした台詞を書き出したら、数ページでは足りないでしょう。ここで共通しているのは、「私は、障害を持っていて（病気で無力な人間で）、治療が私に与えてくれる（してくれる）ことの受動的な受け手なのです」と大声で訴えていることです。

エンパワーメント

「エンパワーメント」とは、人が自分の人生に責任を持てるように援助する（力を与える）という意味の言葉です。この10年ほどの間で使われるようになってきました。最近、いたる所で、自分自身の人生をなんとかすることができないと嘆いている人たちを目にするようになりました。確かに、痛み、食事、注意集中力、性エネルギー、睡眠不安、気分、そして、生活を送る上で従わなければならない文化規範といったものは、自分の力だけでコントロールすることができないかもしれません。2、3時間ただテレビをつけて、ご自分のことを、夢も希望もなくありとあらゆる問題の犠牲者だと思うこともできるでしょう。これは、明らかに自分自身で何の行動も起こさないことによるものですが、薬によって案外簡単に改善させることも可能です。もっとも、私の場合、「自分で創った問題をどのようにしたら治せるか?」という質問ができる方以外のサポートはしない主義ですので、きっと製薬会社には懇意にしていただけないかもしれませんが。

ここで、関連する個人的なお話を2つほどさせていただきたいと思います。1つめは、私が高校時代のお話です。理科実験室で事故が起こり、私の足に高濃度の硝酸がかかり、第三度の熱傷を負ってしまったのです。股の部分の皮膚は焼け、13センチ×24センチの絆創膏が貼られていました。両足の甲の皮膚は完全になくなってしまいました。テフロン包帯とマスタードクリームなどで処置して、1、2週に一度病院に通いました。最終的に主治医から、私の皮膚はもう元に戻らないから、皮膚移植が必要だと告げられました。

医師は、私の足に毛が生えてこないのを見て、そう判断したのでした。しかし、私は、自分の身体にこれ以上治すところがあるという考えを受け入れませんでした。私は、医師にどうにしたら皮膚を成長させることができるか尋ねました。医師の答えは、毛包が成長しなければ皮膚は再生されないというものでした。私は、さらに、どうしたら毛を生やすことができるか尋ねましたが、今度は、「もし私がそれを知っていたら、世の中の脱毛症の人たちを助けて大金持ちになっているよ」という答えが返ってきました。私はそれでも、毛を生やすのに少したりともできることはないかと尋ねると、医師は、毛の細胞がどのように成長するか書いてあるものを読んだり、そういう画像を見るように言いました。それからというもの、毎晩、私は足を水に浸しながら、細胞が成長していくところをイメージすることにしました。医師からは、草原に草が生えるように、庭に芝が生えるように毛が成長するところをイメージするとよいと聞いていました。私は、それで本当にうまくいくのか医師に尋ねましたが、「別に害になるわけではないし、実際、効果があった人もいる」という回答でした。そして、それからというもの、医師の言った通りの方法を続けました。

数週間後、再び診察に行くと、医師は大喜びです。毛が生えて……皮膚が再生されてきたのです。私は、困難を乗り越えて、自分の身体を甦らせることができたのです。私が16歳のときのことでした。

次にお伝えするお話は、私が40歳のときのものです。フロリダにあるかかりつけの歯科医院の歯科衛生士から、歯周の外科手術が必要だと言われました。8・25ミリの深さの「歯周ポケット」が上顎の左奥の親知らずの横にあるというのです。私は衛生士に治しますと言いました。彼女は、私が口腔外科に行くのだと勘違いしたようで、そんなに簡単に決断する人は見たことがないと驚いていました。そこで、私は、はっきりと自分で治すつもりであることを説明したのですが、彼女は「それには組織を成長させなければならないのよ」と答えます。私は、「OK」と答えました。彼女は「そんなことできないわ——骨組織を成長させなければならないんだから。骨組織を成長させるなんて、無理よ」と追い打ちをかけます。私は、すかさず両足をあげて、「いったい、この足をどうしたと思う⁉」と尋ねました。

ちょうどそのとき、診察室に歯科医師のランドール・ベイリーが入ってきました。彼女はベイリー医師に私をなんとか説得するように頼みました。しかし、彼は、数十年私の主治医をしているので、「そうだね。スティーブンに少し時間をあげてはどうかね？彼は大方の人とは少し違うから」と答えました。4カ月後に次の検診に行くと、歯周ポケットは3・25ミリになっていました。でも、「私たちが、骨組織を成長させられないなんてこと」は、みなさん、お分かりですよね？

他にも私個人の経験としてうまくいった例としては、疼痛の除去や腰椎障害の克服、社会的・心理的な成長に関するものまでさまざまなものがあります。また、私のもとを訪れたクライエントも含めると、本書でお話しするには収まりきらないほどの数の改善例があります。しかし、この2つの体験談を聞いていただいたことで、エンパワーメント（力を与えること）の大切さをお分かりいただけたかと思います。お分かりの通り、歯科衛生士が何と言おうと、私は、自分自身の身体を治す能力に自信を持っていました。もちろん、その自信は、十代の頃、毛や皮膚を成長させることができた経験や、それ以降の多くの成功体験が基になっています。ここでみなさんにお尋ねしたいことは、「私たちは、どれくらい自分自身を癒すことが**できる**か？」ということです。なぜなら、最近の世の中は、私たちが自分で自分自身をなんとかすることなどできないということを暗に示しているように思えるからです。

私は、決して読者のみなさんを現在受けている治療から遠ざけようとしているわけではありません。おそらく、多くの場合どんな分野であれ、私と同じ結果を生み出すことは難しいかもしれません。それは、私たちが薬や手術、あるいは他の何かに頼ることなしに変化を起こすことなどできないと、長年にわたって自分自身を説得し続けてきた歴史があるからです。そういった人たちにとっては、まさにそれが――現時点での――現実なのです。

しかし、私が自らをエンパワーすることで劇的な変化を引き起こすことができたのであれば、みなさんも同じようにできるはずだということを伝えずにはいられません。

私たちは、いつか一歩踏み出さなければなりません。それは今なのです。これまで無意識のうちに使っていた古いパターンを変えて、本来持っている能力や才能を発揮できるようにするには、まずあなた自身をエンパワーする必要があります。たとえば、社交不安があるのであれば、シンボリック・イメージャリー（第6章）を使って、冷静で自信に溢れた体験を取り出し、セルフイメージ・シンキング（第8章）を使って、その体験を社交の場での立ち居振る舞いと結びつける練習をしましょう。もし、抑うつ状態であれば、チャンキング・ロジック（第3章）を意識して、できるだけ頻繁にプラスの体験をしたときと同じように物事を捉える練習をします。勃起障害やパニック、注意欠如、過食、不安、強迫観念など、社会的心理的な問題があるのであれば、あなたはまだ十分にエンパワーされていない状態にあります。望む結果を生み出すために、自らの願望をどのように表現したらよいのか、まだ、その方法を知らないのです。

私たちの親や友人をはじめ、学校や会社の関係者たちも、自らを意気消沈させるような文化の中で育ってきました。自分自身をエンパワーすることを学べるような場所は、ほとんど存在しませんでした。皮肉なことに、アメリカ文化は、夢と自己実現の代名詞として認識されています。アメリカ独立宣言では、それは「自明のこと」とされています。ユダヤ教もキリスト教もそうした考え方をよしとし、親も子どもたちにそういう人生を送ってくれることを願っています。しかし、実際のところ、学校では、私たちは自分の人生を手中に収めて幸福な人生を送ることができる（かもしれない／べきである）ということを口先だけで唱えているだけのように思えます。また、人々が幸福で満ち足りていれば、商品の購買意欲は上がりませんから、ニューヨークのマディソン・アヴェニューでマスコミ・広告の仕事に従事している人たちも、本心から私たちに幸福になって、自分の人生をなんとかすることができるようになってほしいと思っているか甚だ疑問です。このように、これまでほとんどの人たちが、自分自身の人生をなんとかしながら幸福な人生を送るために日々実践することができるツールに出逢うことがなかったのです。

心理療法に携わる多くの人たちも、真摯に、クライエントが自らをエンパワーし、変化を手に入れる方法を見いだせるような援助をしたいと望んでいます。しかし、これまで、私たちが実際に自分で実践することができるようなツールを詳しく解説した書籍やセミナーはほとんど存在しませんでした。

自らを健康で幸福にすることができ、そうした状態を創造する方法を学ぶことができれば、それ自体一人ひとりが行うことができる社会改革の始まりに他なりません。

本書があなたにとっての最高のツール集の1つとなることを心から願っています。本書で最も重要なポイントは、あなたは人生のさまざまな場面で必要なリソースをあなた自身の手で手に入れることができるということです。**これこそ**が秘密の扉を開ける鍵なのです。自ら必要なリソースがどんなものか分かっていれば、大きな助けになります。必要なリソースを創り、手に入れるためのツールを身につけていただくことが本書の目的です。これまで学んできたツールのコンセプトやプロトコールをしっかりと理解して自分自身のものにしたとき、その力が最も発揮されます。そのためには、それぞれのツールの核心をしっかりと把握して、さまざまな状況に応じて使うことができるまで練習を続けることが必要です。そして、今こそ、あなた自身がその第一歩を踏み出すときなのです。

◉解説

スティーブン・ランクトンとミルトン・エリクソン

［訳者］

すでに、スティーブン・ランクトンの名前をご存知の方は、おそらく、アメリカの精神科医ミルトン・エリクソン（1901－1980）の弟子としてではないだろうか。ほぼ時を同じくして、エリクソンに師事していたアーネスト・ロッシ、スティーブン・ギリガン、ジェフリー・ザイグ、ビル・オハンロンらとともに、著名なエリクソニアン・アプローチの研究者・臨床家として、その名は、アメリカをはじめ世界で知られている。また、日本においても過去に、日本臨床催眠学会、ブリーフセラピーネットワーク・ジャパン、日本催眠医学心理学会などの招聘により、ワークショップが行われている。

ランクトンの師であったミルトン・エリクソンは、臨床催眠と心理療法の分野にパラダイムシフトを起こした人物として、今なお多くの臨床家に絶大な影響を与え続けている。アメリカ精神医学会、アメリカ心理学会、アメリカ精神病理学会の名誉会員であり、アメリカ臨床催眠学会の設立に携わり初代会長も務めた。エリクソンは、トランスを日常自然に起こる体験として捉え、クライエントをそれぞれ固有で優れた能力が備わった存在として肯定した。クライエントの無意識を創造的でポジティブなリソースの貯蔵庫として捉え、クライエントの変化に必要なものは、信念、言葉、文化的背景、生育環境、嗜癖まで利用して、一人ひとりの能力が内側から生かされるようにテイラーメイドなアプローチをとった。こうしたアプローチは、セラピストが外側からクライエントの無意識に暗示を埋め込むそれまでの催眠のパラダイムを大きく変え、後に現代催眠と呼ばれることとなった。また、エリクソンのアプローチは、それまでの精神分析的アプローチに対して、短期間に治療的変化を引き起こすことを可能にし、後にブリーフセラピー（短期療法）という言葉を生み出した。その影響は、家族療法のバージニア・サティア、戦略的心理療法のジェイ・ヘイリー、MRIアプローチのポール・ワツラヴィック、リチャード・フィッシュ（ジョン・ウィークランドを介して、解決志向アプローチのスティーブ・ディシェイザー）、NLPのジョン・グリンダーとリチャード・バンドラー、心身相関治癒理論のアーネスト・ロッシ、自己関係性理論のスティーブン・ギリガン、解決指向療法のビル・オハンロンにまで及んでいる。

ランクトンとエリクソンの出会いは、1975年にまでさかのぼる。それまで、ランクトンは、ゲシュタルトセラピーや交流分析、NLP、サイコドラマ、ボディーセラピーを行っていたが、エリクソンの心理療法に魅了され、エリクソンが没する直前の1979年まで師事している。その後もエリクソン・モノグラフの刊行を皮切りに、30年間にわたり、多くの著作やワークショップを通じて、エリクソニアン・アプローチの研究者・臨床家として第一線で活躍してきた。現在もアメリカ臨床催眠学会の学会誌編集長を務めている。また、その間、グレゴリー・ベイトソン、バージニア・サティア、カール・ウィタカー、カール・ロジャーズ、ロロ・メイ、ポール・ワツラヴィック、リチャード・フィッシュ、ジェイ・ヘイリー、ジョン・ウィークランド、サルバドール・ミニューチン、アレクサンダー・ボーエン、ボブ&メアリー・グールディング、アルバート・エリスといった錚々たる面々との親交を深めた。

こうした経験は、やがてランクトンに、セラピーとは、目的指向、未来志向、健康志向、参加型で、症状や問題として表れるものの要請に対して、真に創造的に応答するのに必要な体験やリソースを共同で創造するものであり、セラピストとは、変容のコンテクストを共に創る、すなわち、成長や治癒に必要な体験のプロセスを共に創造する専門家であるという考えを持たせるようになる。現在、セラピーとは、スキルや治療以上のもので、社会空間に新しい生き方や体験を生み出すことを可能にするものであるという信念のもと、ポジティブ心理学の枠組みで、(解決指向でなく) 目的指向ブリーフセラピーを使った臨床に携わっている。また、2008年からは、プラスの体験を通してポジティブな人生を送りたいという人たちの願いに耳を傾け、それぞれが持つリソースの生かしながら、ゴール設定のスキルを併用することにより短期間での変容を可能にする「願いをかなえる自己催眠　人生に変化を引き起こす9つのツール」の指導を、ワークショップを通じて世界各地で行っている。

●訳者あとがき

「願いをかなえる自己催眠」体験者の声――

本書の内容を実践しているとき、ふとある思いが浮かんできた。「なぜ、私たちは、自分が食べたいものは食べたいように食べるのに、取り入れたいリソース体験は、取り入れたいように取り入れないのだろう？」日頃、私たちは、身体に栄養を取り入れるのと同じように、心にも栄養を取り入れているだろうか？

本書のテーマは、「必要な場面で必要なリソースを取り出して体験できるようになること」である。こと食事に関しては、私たちは、日頃から食べたいものを探して、選択し、手に入れ、自分の周りにストックしている。そうすることで、食べたいときに、お好みに応じて必要なアレンジを加えて、味わうことができる。

ところで、あなたにとって思わず笑みがこぼれてしまうような食べ物や飲み物とはどんなものだろうか？　それを想像しながら手にとって、自分の周りに並べてみるとどんな感じがするだろうか？　もしかすると、心地よい感覚、音や香り、あるいは、何らかの光景が浮かんでくることもあるかもしれない。たとえば、誰かの笑顔であったり、大切な想い出、あるいは、楽しみにしていることであったり……

一方で、リソース体験や感情の場合は、どうだろうか？　必要な場面で再び味わうことができるように、日頃から望む体験や感情を探し、選択し、自分の周りにストックしているだろうか？

本書で、ランクトンは「もしあなたがより幸せで、生産的な人生を送りたいと願うなら、プラスの体験を検索して、それを取り入れることです」と述べている。これは、いわゆるポジティブ・シンキング《思考》とは異なる。そもそも、思考は私たちの体験のほんの一部分でしかなく、プラスの体験を取り入れるには、私たちの全細胞の納得と了解が得られなければならない。そのためには、ポジティブ・エクスペリエンシング《体験》が必要となる。

では、どうしたらポジティブ・エクスペリエンシングに熟達することができるのだろうか？　人生で良い出来事と悪い出来事が起こる確率は、誰にも平等に与えられているはずである。しかし、同じ出来事に遭遇しても、プラスの体験として捉えることができる人・場合と、そうでない人・場合がある。これまで、日常遭遇する出来事をどのように捉えるかは、直接私たちのセルフイメージや目的、体調や気分によって異なることに気づかれたことはあっただろうか？　つまり、物事の捉え方は、私たちのステイト（情報を取り入れるときの状態や環境）によって大きく影響されるのである。

私たちが無意識のうちにステイトを設定するとき、通常過去の記憶が参照されるため、人生に役に立つものに注意を向け、選択し、大きな体験として記憶に留めていくことで、その後の出来事をプラスの体験として捉えられる確率を高めることができる。つまり私たちのステイトは、何に注意を向け、選択し、それをどのように取り入れるかによって変化するから、選択するものを変えることによって、自らのステイトを変えることができるのである。

外界との関係性は一刻一刻変化しているため、ステイトを創る選択肢を広げる上でトランスが重要な役割を果たす。またトランスに入るステイトも大変重要になる。マインドフルにトランスに入り、自分と周囲の状況を見守ることができると、自分自身のつながり方、考え方、動き方、感じ方、そして、それまで注意を向けていなかった選択肢に気づくことができ、取り入れたいリソースとつながり、望むステイトを創造することが可能になる。本書が、「気づきの主体が、呼吸や身体を通して理想的なステイトを創り、そこに願いを招き入れて体験することで、主体の責任と可能性を全うする」という構成になっていることにお気づきになっただろうか？

一瞬一瞬、自らのステイトを創造していく過程は、まるでオセロゲームのようでもある。オセロゲームは、周りに置くコマによって囲まれたコマの色（意味・役割）が変わっていく。また一回に置けるコマの数や大きさに制限がなく、望むコマを人生を終えるその瞬間まで置き続けることができるという点では、むしろオセロゲームよりも恵まれているかもしれない。将棋をご存知なら、将棋の駒を想像してみても面白いかもしれない。あるときまで敵だと思っていた駒が、自分の陣営に受け入れられた瞬間、能力と選択肢の幅を増しパワーアップして、自らのリソースになるのである。

＊＊＊

本書の翻訳にあたり、訳者のステイト創りに多くの方々からお力添えを賜った。心身を統一して天地と一体となることを修行の眼目としてご指導をいただいている心身統一合氣道会の藤平信一先生、山本晶一先生、増野誠先生、三尖相照、上下相随、力を抜いた力の伝えた方をご指導いただいている楊名時太極拳の横山ゑつ子先生、困難に直面したときこそ、先《せん》を取り相手に入ることの大切さを、体験を通して説いてくださる宇城道塾の宇城憲治先生、言語の面白さ、学び続けることの大切さと楽しさを教えてくださった中垣寿彦先生、クライエントの体験一つひとつを「はい、はい。そう、そう」と肯定しながら自体感を導き出すことを教えてくださる臨床動作法の吉川吉美先生、共著論文の執筆を通じて、絶えずアカデミックな刺激を贈ってくださる南斗クリニックのみなさま、数回にわたって本翻訳の草稿をもとにワークを体験していただき、フィードバックをくださったMindscape研究会のメンバーのみなさま。そして、今回本書の出版を快諾してくださった金剛出版の立石正信社長、読者の立場に立って、本書の魅力が最大限に惹き出されるように親身に編集にあたってくださった高島徹也氏に深謝申し上げたい。

＊＊＊

あなたにとって大切な人、あこがれの人、心温まり、心安まる人とは、どんな人たちだろうか？　あるいは、想い出の風景、お気に入りの感覚、将来のビジョン、大切な人の笑顔、宝物……でも構わない。心地よい呼吸とともに、その感覚に気づきを向けて受け取り、味わってみると、今どんな感じがするだろうか？

本書は、自らの能力を生かし与えられた人生を余すところなく全うしたいと願うみなさんに書かれた――知識の書でなく実践の書である。本書を手にとっていただいたあなたの願いが花開き、たくさんの人たちに届けられることを願っている。

Bon appetit!　上地明彦

◉著　者

スティーブン・R・ランクトン（Stephen R. Lankton, MSW, DAHB）は、アメリカ・アリゾナ州でソーシャルワーカーとして臨床を行っている。これまで、アメリカ臨床催眠学会誌の編集主幹を務めており、フィニックス・エリクソニアンセラピー研究所の創立者でもある。また、アリゾナ州問題行動医療審査委員会のメンバーとして、資格審査委員も務めている。氏は、臨床催眠の有資格者であり、過去に臨床ソーシャルワーカーのための全米催眠委員会の代表を務め、現在はアメリカ臨床催眠学会、アメリカ夫婦・家族療法学会、アメリカ心理療法学会の特別会員でもある。これまでに、ミルトン・H・エリクソン財団より、心理療法の分野で秀でた功績を残した者に与えられる「ライフタイム・アチーブメント賞」を、臨床催眠の発展に寄与したとして、アメリカ臨床催眠学会より「アーヴィン・セクター賞」を受賞している。35年間に及ぶ臨床経験に基づいて、催眠、家族療法、ブリーフセラピーの技法を中心に、18冊の書籍を出版し、数カ国語に翻訳されている。現在は、アリゾナ州フィニックス市で臨床を行う傍ら、世界各国で医療や健康管理の専門家向けにトレーニングを行っている。

◉ スティーブン・ランクトンによって執筆された本

Lankton, S., & Lankton, C. (2008). The answer within: A clinical framework of Ericksonian hypnotherapy. This book was originally published in 1983 by Brunner Mazel Publishers and is now published in paperback by Crown House Publishing, Bethel, CT.

Lankton, S., & Lankton, C. (2007). Enchantment and intervention in family therapy: Using metaphors in family therapy. This book was originally published in 1986 by Brunner Mazel Publishers and is now published in paperback by Crown House Publishing, Bethel, CT.

Lankton, S. (2004). Assembling Ericksonian therapy: The collected papers of Stephen Lankton. Phoenix: Zeig,Tucker, and Theisen Publishers.

Lankton, S. (2003). Practical magic: A translation of basic neuro linguistic programming into clinical psychotherapy (Rev. ed.). This book was originally published in 1980 by Meta Publications and is now published in paperback by Crown House Publishing, Bethel, CT.

Lankton, C., & Lankton, S. (1989). Tales of enchantment: Goal Directed Metaphors for Adults and Children in Therapy. New York: Brunner Maze!.

Lankton, S. (1988). A children's book to overcome Fears: The blammo - surprise book!. New York: Brunner Mazel.

◉ スティーブン・ランクトンによって編集された本

Lankton, S., & Zeig, J. (Eds.). (1994). Ericksonian monographs: Number 10. Difficult Contexts for Therapy. New York: Brunner Maze!.

Lankton, S., & Erickson, K. (Eds.). (1993). Ericksonian monographs: Number 9. Essence of single session success. New York: Brunner Mazel.

Lankton, S., Gilligan, S., & Zeig, J. (Eds.). (1991). Views on Ericksonian brief therapy, process and action: Number 8. New York: Brunner Mazel.

Lankton, S. (Ed.). (1990). Ericksonian monographs: Number 7. Broader implications of Ericksonian therapy. New York: Brunner Mazel,

Lankton, S., & Zeig, J. (Eds.). (1989). Ericksonian monographs: Number 6. Extrapolations: Demonstrations of Ericksonian therapy. New York: Brunner Mazel.

Lankton, S. (Ed.). (1989). Ericksonian monographs: Number 5. Ericksonian hypnosis: Application, preparation, and research. New York: Brunner Mazel.

Zeig, J., & Lankton, S. (Eds.). (1988). Developing Ericksonian psychotherapy: State of the arts. The proceedings of the third international congress on Ericksonian psychotherapy. New York: Brunner Mazel.

Lankton, S., & Zeig, J. (Eds.). (1988). Ericksonian monographs: Number 4. Research comparisons and medical applications. New York: Brunner Mazel.

Lankton, S., & Zeig, J. (Eds.). (1988). Ericksonian monographs: Number 3. Special treatment populations. New York: Brunner Mazel.

Lankton, S. (Ed.). (1987). Ericksonian monographs: Number 2. Central themes and underlying principles. New York: Brunner Mazel.

Lankton, S. (Ed.), (1985). Ericksonian monographs: Number 1. Elements and dimensions of an Ericksonian approach. New York: Brunner Mazel.

◉訳 者

上地明彦（うえち・あきひこ）言語心理学者。ブリティッシュコロンビア大学大学院言語学研究科博士課程修了（Ph.D. in Linguistics）。ハーバード大学ライシャワー日本研究所PDフェローを経て，関西外国語大学准教授。2000年より，生成文法，認知語用論を駆使し，ブリーフセラピー（特にNLP，エリクソニアン・アプローチ）の「変容メカニズム」の研究に従事。2007年，認識地図（現在地とゴール）を紙面一枚に映出し，ペーシング&リーディング，リフレーミング，アラインメントを行うことを可能にした「マインドスケープ（認識と言語のインターフェイス）モデル®」を構築，現在，研究会を中心に展開している。

訳書　シェリー・ローズ・シャーベイ『「影響言語」で人を動かす』実務教育出版，2010（監訳・本山晶子との共訳），ビル・オハンロン『解決指向催眠実践ガイド―本当の自分を生かし、可能性をひらくためのエリクソニアンアプローチ』金剛出版，2011（訳）。

願《ねが》いをかなえる自《じ》己《こ》催《さい》眠《みん》

人生に変化を引き起こす９つのツール

2013年6月30日 発行
2022年8月10日 3刷

著者 スティーブン・ランクトン
訳者 上地明彦
発行者 立石正信
発行所 株式会社 金剛出版

112-0005 東京都文京区水道1丁目5番16号
電話 03-3815-6661　振替 00120-6-34848

装釘　臼井新太郎
本文・カバーイラスト　田中かおり
印刷・製本　三報社印刷株式会社

ISBN978-4-7724-1316-9 C3011